CHONGQING PATRIOTISM EDUCATION BASE

打 卡 护 照
PASSPORT

姓名

性别

出发地点

年龄

首次打卡日期

完成打卡日期

HONG SE YIN JI <<<<<<< XUN FANG CHONG QING AI GUO ZHU YI JIAO YU JI DI <<<<<<< PASSPORT <<<<<<<

护照使用说明

同学们,跟着书本去打卡咱们重庆的爱国主义教育基地吧!每个基地都设置有好玩儿又有意义的打卡任务,请你速速去体验完成,有双重惊喜等着你哦!

惊喜 1

完成打卡任务后，带上护照到基地前台或服务中心，就可以盖上一枚独一无二的基地纪念印章！

惊喜 2

每个季度，我们将抽取若干"小小打卡员"，送出精美礼物一份。并择优在重庆市少先队队报《少年先锋报》上进行展示，到时全市的老师和同学们都将目睹到你的风采。

投稿邮箱： cqagjyjd@yeah.net
所需信息： 姓名、学校、联系电话、打卡照片及感悟

打卡盖章处

ARRIVAL

CHECK DATE

01

NO.01 第一站

重庆歌乐山革命烈士陵园

01

PASSPORT

02

第 2 站　NO.02

ARRIVAL
CHECK DATE
打卡盖章处

重庆红岩革命纪念馆

02

RED MARK

打卡盖章处

CHECK DATE

ARRIVAL

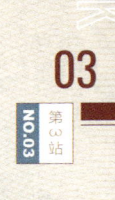

03
NO.03 第3站

邱少云烈士纪念馆

03

PASSPORT

04

NO.04
第 4 站

刘伯承同志纪念馆

CHECK DATE
ARRIVAL
打卡盖章处

04

RED MARK

05
NO.05 第 5 站

ARRIVAL
CHECK DATE

打卡盖章处

聂荣臻元帅陈列馆

05

PASSPORT

06

NO.06
第⑥站

赵世炎烈士纪念馆

★ ARRIVAL ★
CHECK DATE
★★★★★ 打卡盖章处 ★★★★★

06

打卡盖章处
ARRIVAL
CHECK DATE

RED MARK

07
NO.07 第7站

重庆中国三峡博物馆

07

PASSPORT

08

NO.08
第 8 站

杨闇公旧居和陵园

08

打卡盖章处
★★★ **ARRIVAL** ★★★
CHECK DATE

RED MARK

打卡盖章处

CHECK DATE

ARRIVAL

09

NO.09 第⑨站

重庆市万州革命烈士陵园

PASSPORT

10

NO.10
第10站

CHECK DATE
ARRIVAL
打卡盖章处

重庆三峡移民纪念馆

10

RED MARK

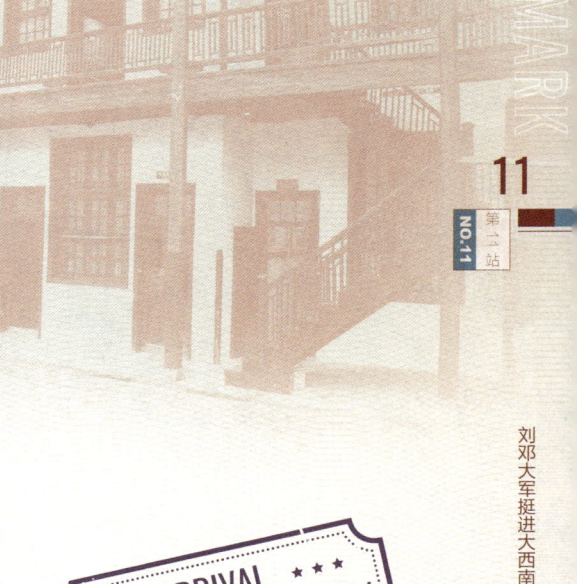

11
第二站 NO.11

刘邓大军挺进大西南司令部旧址

ARRIVAL
CHECK DATE

打卡盖章处

PASSPORT

12

NO.12
第12站

ARRIVAL
CHECK DATE
打卡盖章处

重庆特园民主党派历史陈列馆

12

13

NO.13 渝中区

打卡盖章处
ARRIVAL
CHECK DATE

宋庆龄旧居陈列馆

PASSPORT

14

NO.14
渝中区

打卡盖章处
★★★ ARRIVAL ★★★
CHECK DATE

重庆市少年宫

14

打卡盖章处

CHECK DATE

ARRIVAL

15

NO.15 渝中区

重庆大轰炸遗址

15

PASSPORT

16

NO.16

重庆抗战戏剧博物馆

CHECK DATE

ARRIVAL

打卡盖章处

RED MARK

✯✯✯ **ARRIVAL** ✯✯✯

CHECK DATE

打卡盖章处

17

NO.17 渝中区

中冶赛迪集团公司陈列室

PASSPORT

18
NO.18

重庆工业博物馆

★ ARRIVAL ★
CHECK DATE
★★★★★ 打卡盖章处 ★★★★★

18

打卡盖章处
ARRIVAL
CHECK DATE

19

NO.19 大渡口区

中华美德公园

PASSPORT

打卡盖章处
★★★ ARRIVAL ★★★
CHECK DATE

20

NO.20 江北区

重庆市廉政教育基地

RED MARK

21
NO.21 江北区

打卡盖章处
CHECK DATE
ARRIVAL

重庆长安汽车股份有限公司

PASSPORT

22

NO.22
江北区

重庆「三·三一」惨案死难志士群葬墓地

ARRIVAL
CHECK DATE
打卡盖章处

23

NO.23

重庆郭沫若旧居

23

PASSPORT

24

NO.24

重庆冯玉祥纪念馆

★ ARRIVAL ★
CHECK DATE
★★★★★ 打卡盖章处 ★★★★★

打卡盖章处
ARRIVAL
CHECK DATE

25
NO.25

重庆图书馆

PASSPORT

26

NO.26
坪坝

打 卡 盖 章 处
★★★ ARRIVAL ★★★
CHECK DATE

重庆张治中纪念馆

26

RED MARK

27

NO.27

打卡盖章处

CHECK DATE

ARRIVAL

刘伯承六店旧居

27

PASSPORT

28

NO.28
九龙坡区

CHECK DATE
ARRIVAL
打卡盖章处

中共四川省临委扩大会议会址

28

RED MARK

29

NO.29 九龙坡区

ARRIVAL

CHECK DATE

打卡盖章处

重庆建川博物馆

PASSPORT

30

NO.30

重庆育才中学陶行知纪念馆

ARRIVAL
CHECK DATE

打卡盖章处

打卡盖章处
ARRIVAL
CHECK DATE

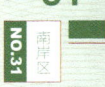

31

NO.31 南岸区

重庆抗战遗址博物馆

PASSPORT

打卡盖章处
★★★ ARRIVAL ★★★
CHECK DATE

32

NO.32
南岸区

《挺进报》旧址

RED MARK

33

NO.33 北碚区

重庆自然博物馆

打卡盖章处

CHECK DATE

ARRIVAL

33

PASSPORT

CHECK DATE
ARRIVAL
★★★ 打卡盖章处 ★★★

34

NO.34
北碚区

卢作孚纪念馆

34

RED MARK

35

NO.35 北码区

*** ARRIVAL ***

CHECK DATE

打卡盖章处

张自忠烈士陵园

PASSPORT

36

NO.36
北碚区

王朴烈士陵园

★ ARRIVAL ★
CHECK DATE
★★★★ 打卡盖章处 ★★★★

打卡盖章处
ARRIVAL
CHECK DATE

37

NO.37 北碚区

国立复旦大学重庆旧址

PASSPORT

打卡盖章处
ARRIVAL
CHECK DATE

38
NO.38
北碚区

西南大学校史馆

38

RED MARK

39

NO.39

中共中央西南局缙云山办公地旧址

PASSPORT

40

NO.40
渝北区

中华职业学校旧址暨于学忠将军故居

CHECK DATE
ARRIVAL
★★★ 打卡盖章处 ★★★

40

ARRIVAL

CHECK DATE

打卡盖章处

41

NO.41 渝北区

重庆市档案馆

PASSPORT

42

NO.42
巴南区

南泉烈士陵园

★ ARRIVAL ★
CHECK DATE
打卡盖章处

42

打卡盖章处
ARRIVAL
CHECK DATE

NO.43 川工新文

重庆川剧艺术中心

后 记

本书由中共重庆市委宣传部组织编写。姜辉同志对编写工作高度重视，作出批示指示要求；曹清尧同志多次提出指导意见；马岱良同志主持编写工作，对稿件审核把关。吴辉、万念平、何涯、卞明高、魏国、范伟、江涛、樊云隆、钟海粒、王德雳、舒利娜、向雪东、刘思雯、罗鉴益等同志承担了具体编辑工作。

本书在编写过程中，得到了各区县（自治县）党委宣传部和市级有关部门及专家学者的大力支持，特别是中共重庆市委党史研究室、重庆中国三峡博物馆、重庆红岩联线管理中心、重庆特园民主党派历史陈列馆以及各级爱国主义教育基地的有关专家提出了宝贵意见，同时，也借鉴了相关党史文献资料，在此一并表示感谢。

从资料收集到出版面世，时间仓促，加之水平有限，纰漏在所难免，恳请读者指正，以便修订。

编者

2023 年 5 月

路线4

重庆川剧艺术中心

重庆长安汽车股份有限公司

重庆自然博物馆

国立复旦大学重庆旧址

路线推荐

路线推荐

路线3

路线推荐

邱少云烈士纪念馆

杨闇公旧居和陵园

重庆育才中学陶行知纪念馆

page 85

重庆歌乐山革命烈士陵园

重庆郭沫若旧居

路线2

重庆冯玉祥纪念馆

重庆张治中纪念馆

路线推荐

路线推荐

路线1

- 重庆红岩革命纪念馆
- 重庆特园民主党派历史陈列馆
- 宋庆龄旧居陈列馆
- 重庆中国三峡博物馆
- 重庆大轰炸遗址

博物馆里的宝贝

黑蟒

蟒，俗称"龙袍"，为川剧剧中帝王将相的服装。圆领大襟，袖长大，上绣龙、狮、麒麟、海水及云彩等花纹图案。此黑蟒以黑色丝绸为底，通身绣有五爪金龙的图案。服装上所用之金线，全部由纯黄金制作而成。金线弥足珍贵，是由时任西南地区军委主席贺龙同志亲自特批的二两黄金给西南川剧院制作了共四件戏服，此为其中一件，无不体现了当年中央政府对川剧艺术的大力支持与关怀。金线制作工艺复杂，前后需历经十多道工序才能完成。一件做工精良的蟒袍，重量可达十斤。演员穿着这样一件戏服还需在舞台上表演各种身法技巧，由此可见川剧演员们的功夫非同一般。

打卡任务

找到脸谱展示墙，并与之合影。

达人攻略

脸谱展示墙

脸谱是戏曲演员面部化妆装一种谱式，有一定的寓意性。演员运用各种色彩、线条在面部勾成一定规范的图谱，借以显示剧中角色性格的基本特征或其重要特点，并具有一定的图案美和装饰美。通常以红色表示忠耿性烈，黄色表示武勇过人，黑色表示刚直坦率，白色表示奸诈阴险，蓝色、绿色和诸色杂糅的脸谱多用于绿林好汉、水旱盗匪及凶残恐怖的人物，金、银二色多表示神佛、妖怪。墙上所展示的 27 张川剧脸谱均为川剧表演艺术家王德云亲手绘制，且是最具川剧特色的脸谱。

时光隧道

该时光隧道讲述了重庆市川剧院从 1951 年建院以来所走过的七十载时光，主要以时间文字为线索，再配以相关重要活动图片，在给观众带来更加直观视觉效果的同时，也能使观众深深地感受到重庆市川剧院所经历的七十年筚路蓝缕，七十年传承创新，七十年硕果累累。

留言墙

时光隧道

博物馆展厅

NO.43 · 重庆川剧艺术中心

两江新区 NO.43 第四十三站

重庆川剧艺术中心

川剧博物馆仿古戏台

龙凤呈祥大剧院

重庆川剧艺术中心于2011年落成，位于重庆两江新区，是弘扬川剧文化的教育基地，交流戏曲学术的百家论坛，全国首屈一指的综合性艺术中心。现已成为重庆地域文化的标志性建筑和旅游景点。整个中心按"一个中心三个基地"定位，以"活态川剧博物馆"的理念来布局，分为办公排练区、陈列展示区、表演区、配套商业区、辅助功能区等。中心占地面积24385.4平方米，拥有一大一小两个剧场、川剧博物馆、仿古戏台、川剧艺术研究中心、培训基地以及餐饮、文化旅游产品等配套商业服务功能。其中龙凤呈祥大剧场是按国际标准修建的综合性剧场，可容纳观众近800人，舞台设备先进，可用于各种综合性演出；黑匣子实验剧场可容纳观众近300人。川剧博物馆陈列展示面积1000多平方米，含一个仿古戏台和三个展厅，是全方位展示川剧剧种的历史、现状、发展、远景的活态博物馆。

TIPS

地理位置： 重庆市两江新区金山大道2号
官方微信公众号： CQchuanju1951（重庆市川剧院）
官方微博： 重庆市川剧院官方微博 scopera
开放时间： 9:00—17:00（16:30停止入馆），周一闭馆（节假日除外）
联系方式： 023-63011293

烈士公墓

达人攻略

📷 研学课程

由南温泉旅游发展中心免费为前来缅怀先烈的团队组织提供党旗、誓词牌、司仪、讲解服务等，并且协助预订鲜花、花篮、停车、就餐等一系列服务，充分发挥作为爱国主义教育基地的推广作用。

留言墙

全景

你知道吗？

1949年11月，中国人民解放军第二野战军和四野47军等部队，在刘伯承和邓小平的指挥下，奉命入川直捣国民党最后据点重庆，并于24日攻占了南川。26日，人民解放军第二野战军35师103团在副政委苗新华、副团长吴颜生的带领下，飞兵直插重庆南大门——南温泉，在这里与国民党军队发生了激烈的战斗。南泉战斗自26日下午3时许打响，至28日晚11时许，历时56个小时，是解放重庆持续时间最长、最激烈的一次战斗。经过三天三夜的激战，国民党军队全线溃败，国民党守卫重庆的"江南防线"彻底崩溃，1949年11月30日，重庆解放。

打卡任务

你需要到南泉抗战遗迹，并跟随战役经过，收集情报并完成机密任务，获得南泉之战胜利。

篇章一：奇兵智取虎啸口

前往虎啸口战场遗址，找到国军的电台隐蔽处（共四处），获取国军接头暗号，为友军提供有利信息，协助解放军占领虎啸口。

篇章二：诱敌伴攻打鼓坪

前往虎啸口花溪河一带，找到国军地堡埋伏处，拍摄下国军隐蔽地堡照片，暴露国军位置，协助解放军主力部队占领建文峰。

篇章三：建文峰上红旗飘

前往建文峰顶，找到红旗飘扬处（共四处），并与红旗合影（解放步道周围）。

篇章四：神军飞夺五洞桥

前往南泉正街至五洞桥周围，找到定制手榴弹（仅两枚）。

完成四个篇章机密任务后，到南泉烈士陵园参与祭祀英烈活动，通过默哀、向烈士敬献鲜花等环节，缅怀烈士们的历史功勋，表达对烈士们的哀思之情。

NO.42·南泉烈士陵园

巴南区 NO.42 第四十二站

南泉烈士陵园

烈士陵园大门

烈士纪念碑正面照

南泉烈士陵园位于重庆市巴南区南温泉西 500 米渝南路边缓坡地带南温泉风景区内，由墓室、纪念亭、纪念碑、纪念坊四部分组成，有烈士合葬墓 1 座。安葬有名烈士 43 名，无名烈士 40 余名；烈士纪念碑 1 座，纪念碑为三级石砌墓碑，高 11.5 米；牌坊 1 座；六角纪念亭 2 座。占地面积约 2280 平方米，建筑面积 336 平方米。南泉烈士陵园在 2000 年由重庆市人民政府公布为市级文物保护单位，2009 年重庆市巴南区人民政府对南泉烈士陵园整体布局再次进行修缮，投资资金约 500 万元，形成坊、亭、碑、墓一体格局，同时对广场、步道、环境绿化全面升级建设，可一次性容纳 500 人进行公祭，2019 年被命名为市级爱国主义教育基地。2020 年，南温泉旅游发展服务中心对纪念碑主体清洗翻新，对环境进行了升级改造。

TIPS

地理位置： 重庆市巴南区南温泉西 500 米渝南路边缓坡地带南温泉风景区内

开放方式： 免费 24 小时开放

联系方式： 023-62848153

博物馆里的宝贝

《关于重庆组织破坏经过和狱中情形的报告》

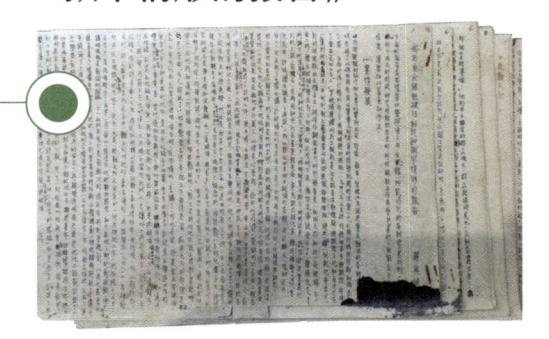

报告由罗广斌执笔撰写并于1949年12月25日上报中共重庆市委。"狱中八条"是报告第七部分"狱中意见"所述八个方面的提炼与总结。习近平总书记指出:"重庆解放前夕,关押在渣滓洞、白公馆的革命烈士在牺牲前用血的教训提出了'狱中八条',对今天加强党的作风建设仍然具有深刻的警示意义"。该报告现存15页,23000余字。不仅是珍贵的档案文献,更是厚重的党史、党性教材,至今仍振聋发聩、令人警醒,蕴含着巨大的现实和历史价值。

打卡任务

《重庆记忆》在"迈步新时代"单元设"风景智拍":同学们只需通过微信扫描该打卡点二维码,即可选择在解放碑、夔门、重庆国际物流园区、南川山王坪等市内33处展现重庆加快建设内陆开放高地、山清水秀美丽之地的照片拍照留影。照片可免费保存至个人手机相册。

达人攻略

《巴渝丰碑》

《巴渝丰碑》位于重庆市档案馆一楼左侧展厅,面积约850平方米,是重庆地区第一个全面、系统、生动反映中国共产党重庆革命史的综合性固定陈列展。共展示档案及图片479张,其中,从中央档案馆复制的17份珍贵档案是首次在重庆公开展出,如毛泽东同志的手迹《沁园春·雪》在正文后有"亚子先生教正"文字并盖有毛泽东两枚印章,是目前流传的《沁园春·雪》手迹版本中罕见而独特的珍品。

《重庆记忆》

《重庆记忆》是目前重庆各种展览中,第一个将时间下限确立到2020年、全面展现近代以来重庆百余年发展变迁的综合性、全方位展览,是进行"四史"宣传教育的重要阵地和平台。

《红色珍档展》

《红色珍档展》共展出川渝两地68家各级各类档案馆129件(组)红色珍档,其中22%为首发档案,85%以上为首次在重庆公开展出。展览全部采用仿真复制件形式,最大限度还原档案原貌,生动形象,极具感染力。

留言墙

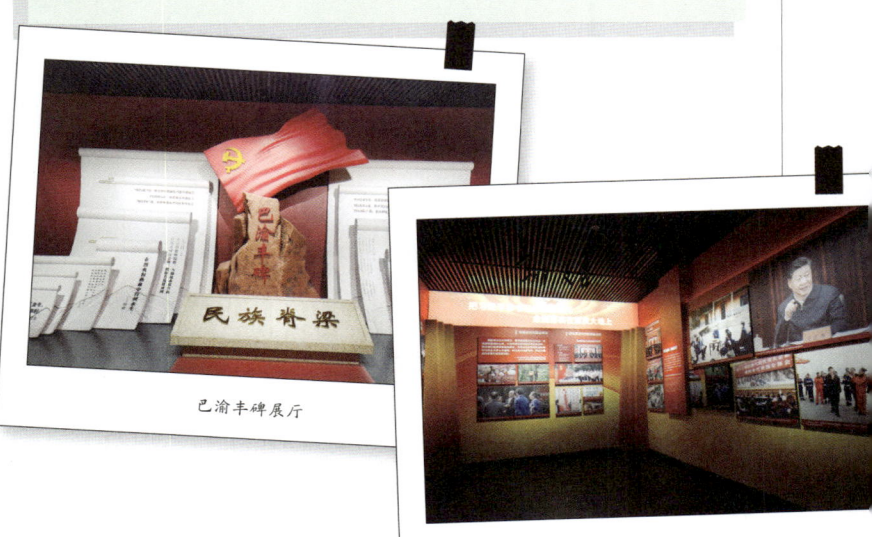

巴渝丰碑展厅

重庆记忆展厅

NO.41 · 重庆市档案馆

第四十一站·重庆市档案馆

渝北区
NO.41
第四十一站

重庆市档案馆

《民族脊梁 巴渝丰碑——中国共产党重庆革命史（1921—1949）》展厅
第三单元"雾都明灯 虎穴坚持"红岩村模型

重庆记忆展厅

TIPS

地理位置： 重庆市渝北区同茂大道420号
官方微信公众号： 重庆市档案馆
开放方式： 免费开放
开放时间： 工作日 9:00—17:30
预约方式： 电话预约或通过重庆市档案馆微信公众号自助预约
联系方式： 023-60355786

　　重庆市档案馆是重庆市委办公厅管理的正局级事业单位，是市级档案保管基地、爱国主义教育基地、档案利用中心、政府公开信息查阅中心、电子文件备份中心，承担档案收集、保管、利用、开放鉴定、编研和资政研究职责，履行档案事业发展职能。

　　市档案馆馆藏完整系统，价值珍贵。截至2021年12月，共有档案846个全宗，163万余卷，多角度、全方位地记载、反映了重庆自清雍正三年（1725年）以来，特别是1929年建市以后各个时期的历史面貌，清楚揭示了重庆历史发展轨迹，为社会各界编史修志、工作查考、科学研究等提供了有力支撑，同时也是开展党性教育、"四史"宣传教育、革命传统教育和爱国主义教育最真实、最有说服力的生动教科书。

中华职业教育社社史陈列馆序厅布展图片。左为习近平总书记与中华职业教育社第十一届理事长陈晶智亲切握手，右为习近平总书记与中华职业教育社第十二届理事长郝明金亲切握手。

中华职业教育社社史陈列馆朝门

你知道吗？

中华职业教育社是由我国著名教育家、爱国民主人士黄炎培先生联合蔡元培、梁启超、张謇、宋汉章等48位教育界、实业界知名人士于1917年5月6日在上海发起创立。

抗日战争爆发后，中华职业教育社从上海迁至重庆，利用从上海抢运来渝的部分设施设备及师资，借巴蜀学校校舍继续举办中华职业学校渝校。1939年，巴蜀校舍被日机炸毁，被迫迁往远郊，借开明人士胡子移提供的黄桷坪私宅办学，同时于寸滩白沙沱置地建校，分两个校区举办渝校，为抗日民主运动和工商界培养了大批优秀人才。

1944年，于学忠将军购得此宅，更名为"于家园"，1950年周恩来总理派专机接于学忠将军赴京履职，于将军将此房产捐赠给国家，先后由政府和学校使用。

打卡任务

找到中华职业教育社展览，并与之合影。

达人攻略

陈列馆里有黄炎培、邹韬奋、华罗庚、顾准、秦怡、于学忠等多位历史人物的身影。这里还是除渣滓洞、白公馆外，红岩英烈足迹最集中的地方之一，江姐原型——江竹筠，以及许晓轩、彭立人、胡有猷四位红岩英烈都曾在这里学习和工作，他们留下了丰富而感人的红色故事，蕴含了丰富的红岩精神。

中华职业教育社社史陈列馆土木科实训场景复原

留言墙

中华职业教育社社史陈列馆序厅布展

NO.40·中华职业学校旧址暨于学忠将军故居

渝北区 NO.40 第四十站

中华职业学校旧址暨于学忠将军故居

黄炎培
(1878-1965)

位于中华职业教育社社史陈列馆正厅的黄炎培塑像

TIPS

地理位置：重庆市渝北区回兴街道宝圣东路501号
开放方式：免费开放
开放时间：9:00-17:00
联系方式：023-67211670，18983839085

中华职业教育社社史陈列馆大门

中华职业教育社社史陈列馆位于重庆市渝北区回兴街道宝圣东路501号，比邻重庆市渝北区黄桷坪幼儿园、黄炎培中学和黄桷坪体育公园。其建筑物有130多年的历史，属于一楼一底四合院式的砖木结构，小青瓦屋顶，白粉底墙面，朱红色民国时代中式门窗，600cm×600cm大青石地面，院内天井搭配回廊，纯木质楼梯楼板。独具巴渝地区典型的乡间别墅风格，古朴、典雅、大气。

陈列馆总占地面积1998平方米，建筑面积1300平方米，布展面积近2000平方米，展室27间。布展按国家级陈列馆标准打造，内容丰富，风格独特，表现手法多样。陈列馆展陈了中华职业教育社100年的历史，是全国目前关于中国职业教育历史展览面积最大、藏品最多、展览最全面的陈列馆。

博物馆里的宝贝

抗美援朝纪念章

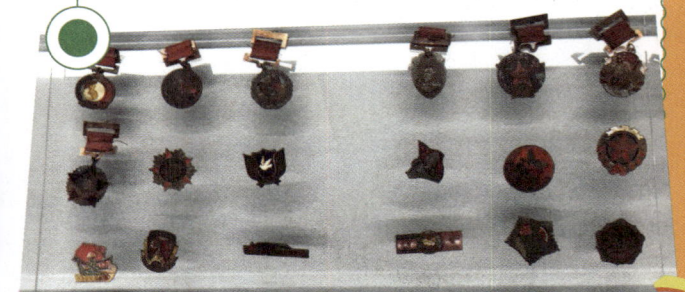

西南地区的抗美援朝运动一直坚持到朝鲜战争停战协定签字和抗美援朝取得最终胜利。近十万西南战士奔赴朝鲜战场，为抗美援朝、保家卫国战争的胜利做出了不可磨灭的重要贡献。

打卡任务

与西南局邓小平、刘伯承、贺龙蜡像合影。

你知道吗？

邓小平、刘伯承和贺龙三位领导人主政中共中央西南局时，在建设政权、改造社会、恢复经济、团结各民族人民的同时，积极响应党中央号召，在西南地区开展抗美援朝运动，为抗美援朝战争提供物资保障。

中共中央西南局发动广大工人、学生、妇女、工商界人士及各民主党派和宗教界人士力量，从城市到农村全面调动民众抗美援朝热忱，组织游行和全民捐款等活动，广泛利用报纸、刊物和无线广播等方式进行抗美援朝、保家卫国的宣传。

留言墙

达人攻略

中共中央西南局

解放初期的六大中央局之一，是中共中央在西南地区的代表机关，对西南的重庆、四川、云南、贵州、西康四省一市进行全面领导。为解放西南以及发展西南地区的政治、经济、军事、文化事业做出了重要的贡献。重庆解放后，西南局进驻重庆办公。北碚缙云山便是西南局的办公地点，邓小平、刘伯承、贺龙等西南局领导均在此处理过百废待兴的政务。中共中央西南局旧址的保护和利用是那段党史最为生动的例证，讲述了解放大西南，新中国成立后布局、建设大西南的红色故事。

缙云山——北温泉

国家级风景名胜区，有自然（森林）文化、温泉文化、抗战文化以及道家养生文化、佛教文化等，西南局办公地旧址历史文化的陈列，为风景区丰富了革命文化内涵，使得红色与绿色交相辉映，历史传统与现代时尚和谐共生。

研学课程

缅怀老一辈革命家的精神风范，依次向3位伟人雕像献花，并行鞠躬礼。随后学习《北碚党史展》，了解从20世纪20年代开始，北碚的党组织如何发展近百年的历史。参观完三处旧居的展览后，大家一起怀着崇敬的心情沉浸式地体验红色剧目《缙云山上的马尾松》，感受老一辈无产阶级革命家为解放大西南、稳定大西南、建设大西南做出的丰功伟绩。

NO.39·中共中央西南局缙云山办公地旧址

北碚区 NO.39 第三十九站

中共中央西南局缙云山办公地旧址

刘伯承旧居

贺龙旧居

邓小平旧居

中共中央西南局缙云山办公地旧址位于缙云山杉木园，是中共中央西南局夏日办公之地，建于20世纪50年代初，分为邓小平旧居、刘伯承旧居和贺龙旧居。邓小平旧居为一楼一底的砖混结构建筑，刘伯承旧居和贺龙旧居为中西合璧式两层楼房，粉墙黛瓦，砖木结构。

三位领导主政西南期间，在此办公，处理军政要务，领导西南人民在政权建设、社会改造、经济恢复、民族团结等方面建立了不可磨灭的功勋。

TIPS

地理位置：重庆市北碚区澄江镇缙云山杉木园内
微信公众号&官方微博：重庆市北碚区博物馆
开放方式：免费开放
开放时间：周二至周日（9:00—17:00,16:30停止入场）
联系方式：023-68325828

博物馆里的宝贝

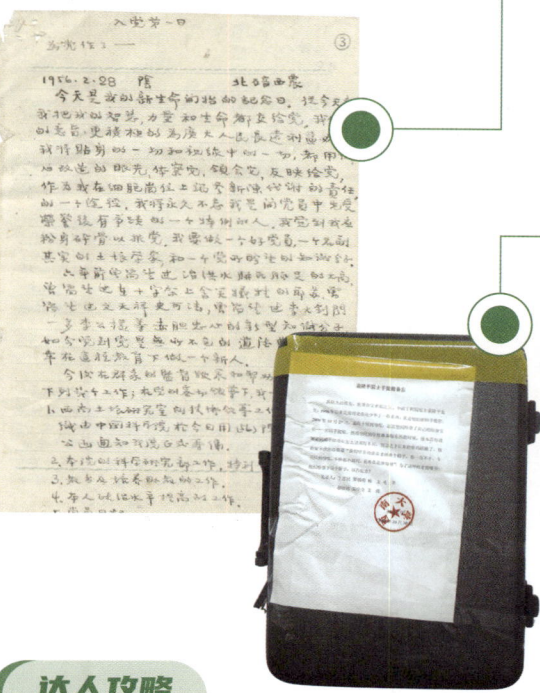

侯光炯院士日记

侯光炯（1905—1996），优秀中国共产党员、中国土壤学奠基人、中国科学院院士。其日记和照片一组，入选2021年川渝地区档案馆庆祝建党百年专题活动之"印记100——川渝地区档案馆馆藏百件红色珍档"。

袁隆平院士使用过的手提密码箱

袁隆平（1930—2021），中国科学院院士、世界杂交水稻之父、共和国勋章获得者、西南大学杰出校友。2008年秋，袁隆平重回母校西南大学时，随身多年、用于携带其重要科研资料和报告的手提密码箱无法打开，经袁隆平同意，工作人员将其砸开，取出资料。原密码箱留存学校校史馆珍藏。

达人攻略

校史馆展示了官立川东师范学堂、四川乡村建设学院、四川省立教育学院、国立女子师范学院、私立相辉文法学院、私立勉仁文学院以及西南师范学院－西南师范大学、西南农学院－西南农业大学、西南大学众多历史档案，图文并茂。特别是侯光炯院士及吴宓教授情景再现部分，令人动容。

你知道吗？

西南大学办学110余年历程中，拥有国学大师吴宓、中国土壤学奠基人侯光炯院士、杂交水稻之父袁隆平院士为代表的众多大家名师和杰出校友；张闻天、萧楚女、杨闇公、恽代英等共产党人曾在20世纪20年代的川东师范学校传播共产主义思想，埋下革命火种；新中国成立前涌现了川渝地区早期党的负责人童庸生、红三军政委万涛及六位红岩英烈在内的30余位革命烈士。馆藏红色资源丰富，研发利用成效显著，2021年获评第七批重庆市爱国主义教育基地，发挥着存史、咨政、育人的重要功能。

打卡任务

找到袁隆平院士使用过的手提密码箱，并合影打卡。

留言墙

校史微短剧《磁器口：一封家书》

NO.38 · 西南大学校史馆

西南大学校史馆

北碚区 NO.38 第三十八站

西南大学校史馆正门

西南大学校史馆序厅

TIPS

地理位置：重庆市北碚区西南大学校内（光大礼堂旁）

官方微信公众号：缙云微史

官方微博：西南大学校史宣讲团

开放方式：免费开放。校史馆提供免费中英文讲解，侯光炯纪念馆提供免费中文讲解

开放时间：校史馆周一至周五 8:30—11:30，14:30—17:30（节假日除外）
侯光炯纪念馆周一、三、五 8:30—11:30，周二、四 14:30—17:30（节假日除外）

联系方式：023-68367326（校史馆），023-68366989（侯光炯纪念馆）

西南大学校史馆于2016年在原校史陈列室的基础上新建而成，建筑面积3000余平方米。校史馆展陈以学校百年历史发展时空变化为主线，主要分为"筚路蓝缕"（中华人民共和国成立前）、"杏坛育人"（西南师范学院－西南师范大学）、"劝课农桑"（西南农学院－西南农业大学）、"新的征程"（合并组建西南大学以来）四大板块，通过珍贵的档案文献、历史文物、图片图表、绘画雕塑、场景复原等陈列，辅以声光电等多媒体技术运用，浓缩了自1906年官立川东师范学堂发轫至今110余年的办学历史。展览形象再现了四川乡村建设学院、四川省立教育学院、国立女子师范学院、私立相辉文法学院、私立勉仁文学院、西南师范学院－西南师范大学、西南农学院－西南农业大学和西南大学的发展历程、办学特色与时代画卷，展示了学校在人才培养、科学研究、社会服务、文化传承与创新、国际合作与交流、党的建设与思想政治工作等方面取得的主要成就。

博物馆里的宝贝

《文摘》创刊号

《文摘》由复旦大学教授孙寒冰于1937年在上海创办，是我国国内最早刊登《毛泽东自传》的中文刊物，有"杂志的杂志"之称。《文摘》摘录百余种国内外杂志，注明原文出处及字数，注明原文字数这一做法仅见于《文摘》，抗战初期，复旦大学西迁重庆，《文摘》杂志也随之西迁，并将重心转向抗战主题。

1940年5月27日，日机轰炸北碚，时任复旦大学教务长、法学院院长的孙寒冰教授及其他六名学生不幸罹难。《文摘》杂志创办受到重创，但仍然保证出刊质量，为广大人民群众了解国际政治形势提供了宝贵的渠道。

打卡任务

与抗战时期复旦大学校址石碑合影。

达人攻略

登辉堂

以图片、文字、实物、影像展陈为手段，以时间为主线集中展现了复旦师生高举"抗战、团结、进步"大旗，开展抗日救亡运动，成为抗战时期后方文化民主堡垒的辉煌历史。

复旦大学旧址

体现了中国知识分子爱国主义、弦歌不辍、执着创作与吃苦耐劳的精神，展示北碚为保存国家民族的文化血脉做出的卓越的贡献，而北碚也在为国家民族保存国脉的同时得以长足发展，构成了北碚历史文化特定的内涵，成为北碚历史文化最重要的组成部分。

研学课程

参观国立复旦大学重庆旧址，在心中种下梦想的种子。通过参观讲解，穿梭在时间隧道，领略复旦厚重的历史底蕴、深沉的爱国情怀、卓越的办学成就，了解抗日战争时期高校西迁的历史。

你知道吗？

1939年5月，复旦大学在东阳夏坝举行奠基仪式，1940年，复旦大学正式搬迁至此。1942年，复旦大学由私立改为国立。北碚东阳夏坝与重庆沙坪坝、江津白沙坝、成都华西坝并称为抗战时期大后方文化四坝。复旦大学进步师生高举团结、民主的旗帜，成为大后方坚强的民主堡垒。

留言墙

NO.37·国立复旦大学重庆旧址

北碚区 NO.37 第三十七站 — 国立复旦大学重庆旧址

国立复旦大学重庆旧址——登辉堂

国立复旦大学重庆旧址位于重庆市北碚区东阳街道夏坝，分为两部分，一为登辉堂，二为寒冰墓，寒冰墓位于登辉堂右后侧。

登辉堂是复旦大学的标志性建筑，以复旦大学老校长李登辉之名命名。1943年3月建成，建筑为一楼一底，砖木结构，人字屋架，占地面积350平方米，建筑面积466平方米，是复旦大学西迁重庆后在东阳夏坝修建的主要办公楼。

依托登辉堂建立的抗战时期复旦大学校史纪念馆，布展有《复旦大学校史陈列展》和《追望大道——陈望道生平事迹展》。

《复旦大学校史陈列展》以"烽火西迁、结庐夏坝、名师云集、英才辈出、红色堡垒、浩气长存"为主题，以传统陈列为主，集中展现了抗战8年间，复旦大学绳床陋室，坚持办学，培养众多人才的历程。

《追望大道——陈望道生平事迹展》以"求道""播道""师道""存道""履道"为主题，展示了陈望道宣传共产主义思想，从事教育事业的光辉生涯。

展厅面积438平方米，陈列展示文物67件/套。

TIPS

地理位置：重庆市北碚区东阳街道夏坝
微信公众号&官方微博：重庆市北碚区博物馆
开放方式：免费开放
开放时间：周二至周日（9:00—17:00，16:30停止入场）
联系方式：023-68325828

北碚区 NO.36 第三十六站

王朴烈士陵园

你知道吗？

王朴（1921—1949），原名王兰骏，四川省江北县悦来乡（现重庆市渝北区双龙湖街道仙桃村）人。1946年冬加入中国共产党，投身人民的革命事业。先后任中共江北县特支委员、江北工委书记、重庆北区工委宣传委员兼管统战工作。1948年4月27日被国民党反动派逮捕入白公馆监狱，1949年10月28日，在重庆大坪壮烈牺牲，时年28岁。

王朴本可以安全转移到解放区甚至国外，但为了重庆的解放事业，毅然留下。不为利禄所诱惑，不为酷刑所屈服。在真理与邪恶之间，在生与死之间，王朴用自己惊天地泣鬼神的行为超越了死亡，实践了"能不能经得起最严峻的考验，我的行动是最好的回答"的诺言。在生命的最后时刻，托付同志转告妻子和母亲完成他未竟的事业，永远跟着党走。

打卡任务

找到王朴烈士陵园的具体位置，在陵园大门处合影。

王朴烈士陵园大门

王朴烈士陵园位于北碚区静观镇王朴村静观苗圃内，陵园占地面积3908平方米。王朴烈士之遗骸曾葬于江北县龙溪乡（现渝北区龙溪街道）常家湾，1957年始迁葬此处。十年内乱，陵园荒芜，墓碑残损，江北县人民政府于1983年、1984年拨专款修葺。2019年10月，中共重庆市委、重庆市人民政府授予王朴烈士陵园"重庆市爱国主义教育基地"。

王朴烈士陈列展大厅

留言墙

TIPS

地理位置：重庆市北碚区静观镇王朴村静观苗圃内

开放方式：免费开放

开放时间：周一至周日（9:00—12:00，14:00—17:00）

联系方式：023-68257800

张自忠烈士陵园

北碚区 NO.35 第三十五站

张自忠烈士陵园大门

你知道吗？

张自忠烈士，字荩忱，1891年8月11日生于山东省临清市唐园村。早年就读于天津法政学堂，1911年加入同盟会，投笔从戎。1933年日军犯我华北，他开赴长城抗战，率部痛击敌寇于喜峰口，名声大振。抗战全面爆发后，他先后任五十九军军长、二十七军团军团长、三十三集团军总司令、第五战区右翼兵团总司令等职务。1940年5月，他率部东渡襄河，浴血督战，5月16日在湖北宜城县十里长山壮烈殉国。1942年12月31日，国民政府明令张自忠入祀全国忠烈祠第一位；1946年6月，国民政府为张自忠颁发了荣字第一号荣哀状；1982年4月，中华人民共和国民政部批准张自忠为革命烈士。1995年9月，张自忠烈士陵园被中共重庆市委、重庆市人民政府命名为"重庆市爱国主义教育基地"。

张自忠烈士塑像

张自忠烈士陵园是经国务院批准（1986年10月），民政部公布的首批32个全国重点烈士纪念建筑物保护单位之一；1995年9月，中共重庆市委、重庆市人民政府授予其"重庆市爱国主义教育基地"；2019年10月，张自忠将军墓被国务院公布为第八批全国重点文物保护单位；2020年9月1日在《国务院关于公布第三批国家级抗战纪念设施、遗址名录的通知》（国发〔2020〕11号）中，被列为第三批国家级抗战纪念设施。

达人攻略

张自忠将军墓

作为保护、记录中国抗战时期所发生的重大历史事件和抗战英烈的光辉业绩的文物，张自忠将军墓已成为重庆市革命烈士英勇形象的不朽丰碑。他不仅是近代史上保家卫国抗击日寇侵略中华，中国军人浴血沙场的历史见证，更是国共合作共抗外辱，增强民族团结，实现民族复兴的历史借鉴。

打卡任务

找到张自忠烈士陵园的具体位置，在陵园大门处合影。

留言墙

TIPS

地理位置：重庆市北碚区双柏路516号
开放方式：免费开放
开放时间：周一至周日（8:00—12:00，14:00—17:00）
联系方式：023-68257800

博物馆里的宝贝

卢作孚著《乡村建设》

《乡村建设》是爱国实业家、教育家、社会改革家卢作孚先生关于乡村建设的著作，是他乡村建设思想的集中体现。卢作孚先生在此书中从"建设意义""乡村地位的重要""乡村的教育建设""乡村的经济建设""乡村的交通建设""乡村的治安建设""乡村的卫生建设"和"乡村的自治建设"八个角度全方面地阐释了自己的乡村建设理念与方法。此后他依照自己的乡村建设理念和弟弟卢子英一起在北碚推行乡村建设实验，将北碚从落后贫瘠、匪盗猖獗的不毛之地发展为乡村建设的典范，为北碚今后的发展打下了良好的基础。

打卡任务

与广场上的卢作孚、卢子英雕像合影。

达人攻略

"铁血西迁"巨型浮雕

为更好地弘扬作孚精神，通过多媒体、巨型浮雕等形式生动还原以"宜昌大撤退"为代表的铁血西迁，完整展现卢作孚先生等人用40天的时间指挥3万多人、9万吨物资撤退的抢运奇迹，在抗战时期民生公司成功抢运150多万人，100多万吨物资，运送270多万川军出川抗日的雄壮史诗。

研学课程

北碚的建设者卢作孚先生对北碚曾做出巨大的贡献，为了将北碚打造成一座花园城市，曾到青岛、上海等地考察，并邀请丹麦工程师守尔慈，按照现代城市的标准重新规划设计。其中有他从上海购买回来的36株法国梧桐树苗，至今北碚老城的梧桐行道树依旧郁郁葱葱。据此设置研学体验手工课——"梧桐树下的路"纸雕灯制作，纸雕灯成品可在晚间的作孚广场创意集市售卖。

你知道吗？

卢作孚（1893—1952），著名爱国实业家、教育家，四川省（现重庆市）合川人，积极从事实业救国、教育救国、科学救国。创办民生实业公司，开拓近代中国自主航运事业；创办学校、图书馆、博物馆，普及教育文化；创办科学院，研究实用科学，促进生产文化事业的发展。以重庆北碚为基地，进行乡村建设的理论探索和社会实践而获成功。

"九一八"事变发生后，卢作孚先生呼吁停止内战，一致抗日。他动员峡防局士兵和职员组织"北碚抗日救国义勇军"。号召"团结一致，赶赴前方，共救国难"。1938年，卢作孚先生出任国民政府交通部常务次长，负责指挥战时运输。他亲临武汉、宜昌指挥撤退运输，集中了民生公司的所有轮船抢运撤往四川的工厂、政府机关、学校、科研机构、人员；从四川运送军队、武器、物资到前线，为战时运输和后方的工业建设做出了巨大贡献。其中，著名的宜昌大撤退被誉为"中国实业上的敦刻尔克"。

留言墙

NO.34 · 卢作孚纪念馆

卢作孚纪念馆

北碚区
NO.34
第三十四站

卢作孚纪念馆鸟瞰图

卢作孚纪念馆正门

宜昌大撤退中损失最为惨烈的民俗轮模型

TIPS

地理位置：重庆市北碚区朝阳街道文星湾一巷1-33号

微信公众号&官方微博：重庆市北碚区博物馆

开放方式：免费开放

开放时间：周二至周日（9:00—17:00，16:30停止入场）

联系方式：023-68325828

　　卢作孚纪念馆位于重庆市北碚区朝阳街道文星湾一巷，依托峡防局旧址修建，陈列《实业救国，振兴中华——爱国企业家的典范卢作孚》展览，内容以"爱国求索、国家至上""民生启航、抗战救国""胸怀社会、创新实践""矢志爱国、复兴中华"为主题，以传统陈列、艺术场景、声光电等多种手段集中展现卢作孚爱国为民、创新图强、崇德重信、兼善天下、放眼世界的崇高精神。展厅面积1223平方米，陈列展示文物120件/套。

博物馆里的宝贝

中国地形浮雕

中国地形浮雕

1945年，中国地形浮雕制作完成。群山巍峨、地大物博，激起观者爱我中华之豪情。中国地形浮雕南北长2.1米，东西长3.1米，球体半径为3.14米，球体骨架为钢铁，球面镶嵌银杏木，浮雕总重约750千克。水平比例尺二百万分之一，垂直比例尺二十五万分之一。地形采用曾世英、方俊、周宗浚编"中华民国地形挂图"作为底图。该浮雕为该馆珍贵藏品，是镇馆之宝。

打卡任务

找到中国西部科学院旧址，并与之合影。（线索提示：位于北碚区的第六批全国重点文物保护单位，距离重庆自然博物馆新馆3.7千米、7分钟车程、在嘉陵江西岸的小山坡上。）

达人攻略

许氏禄丰龙

许氏禄丰龙是中国人自己发掘、研究、装架的第一只恐龙，号称"中华第一龙"，1938年在云南省禄丰县发现，经中国古生物学家杨钟健研究，定为新属新种。1941年在北碚撰写出版《许氏禄丰龙》一书，这是中国人研究恐龙的第一本科学专著。

卢作孚旧居

1944年建，占地面积131平方米，建筑面积285平方米，二层青砖小楼，倚山而建。为中国西部科学院、中国西部博物馆办公楼，卢作孚先生曾在此办公及兼作临时生活用房。

研学课程

课程分为三大主题：以北碚的开拓者、中国西部科学院的创始人、民国时期中国航运业巨子、中国著名爱国实业家卢作孚先生为主题的北碚乡村建设、艰苦创业振兴之路；以科学救国为主题的重庆抗战科技史；以中国西部科学院中国共产党地下活动为主题的红色革命斗争。

你知道吗？

1930年，卢作孚在重庆北碚创办中国第一家民办科学院——中国西部科学院，以"研究实用科学，促进文化生产事业"为宗旨，以"从事于科学之探讨，以开发宝藏，富裕民生"为目的，下设理化、地质、生物、农林4个研究所以及博物馆、图书馆和兼善学校。抗战时期，中国西部科学院等帮助十数家内迁科研单位安驻北碚，被誉为"战时中国科技的诺亚方舟"。

1943年，该院联络内迁科研机构筹办中国西部博物馆，1944年博物馆建成开馆，为中国人创办的第一家综合性自然科学博物馆。1981年，经四川省人民政府批准在重庆市博物馆增挂四川省重庆自然博物馆牌子，1997年，重庆直辖后更名为重庆自然博物馆。

留言墙

NO.33·重庆自然博物馆

重庆自然博物馆

北碚区 NO.33 第三十三站

许氏禄丰龙

重庆自然博物馆全景

中国西部科学院旧址

重庆自然博物馆是重庆市文化和旅游发展委员会主管的市属文化事业单位，履行自然标本收藏、展示、科学研究和科学普及的职责。为全国科普教育基地、重庆市爱国主义教育基地、国家自然资源科普教育基地、自然资源科普基地、重庆市中小学社会实践教育基地、全国中小学生研学实践教育基地、重庆市人文社会科学普及基地、全国民营经济人士理想信念教育基地、国家生态环境科普基地、国家防震减灾科普教育基地等，是国家一级博物馆、4A级旅游景区。

重庆自然博物馆下辖"中国西部科学院旧址"为第六批全国重点文物保护单位，院内文物建筑"卢作孚旧居"2021年11月1日列入重庆市不可移动革命文物名录（渝文旅发〔2021〕210号）。

TIPS

地理位置：重庆自然博物馆坐落在缙云山麓、嘉陵江边。新馆位于北碚区金华路398号，下辖中国西部科学院旧址位于文星湾42号

官方微信公众号：重庆自然博物馆、中国西部科学院旧址

官方微博：重庆自然博物馆

开放方式：免费开放

开放时间：上午9点至下午5点，周一闭馆（法定节假日除外）

联系方式：023-60313777

你知道吗？

《挺进报》旧址，修建于20世纪30年代，该旧址为当时《挺进报》秘密编辑、刻版、印刷地点，楼下是车间，楼上住着负责刻版、印刷《挺进报》的特支书记陈然一家。1948年4月22日傍晚，因叛徒出卖，国民党特务包围并逮捕了当时正在印刷第23期《挺进报》的陈然，关押在白公馆监狱。1949年10月28日在重庆大坪刑场牺牲。

该建筑作为《挺进报》印刷地点及陈然烈士的旧居，是重庆解放前中国共产党艰苦战斗的重要见证者，具有着重要的历史纪念意义和爱国主义教育意义。

互动体验区

打卡任务

在《我的"自白"书》手工印刷体验区互动，手印一张《我的"自白"书》，并与之合影。

解放前地下党使用的工具

达人攻略

狱中制红旗

陈然被逮捕后关押在白公馆。1949年10月，当得知新中国成立的喜讯时，陈然与难友们以红色的被面为底，以黄纸剪成五颗明亮的星，制作了一面五星红旗以表庆祝。五星红旗已制好，但陈然等烈士却来不及将其升起。1949年10月28日，在重庆解放前夕，陈然被判处死刑。在大坪刑场，陈然牺牲得尤为壮烈，不仅大呼"要枪毙就从前面来"，身中数枪后仍顽强挺立，直到刽子手改用机枪扫射才倒下，连特务叛徒都称他是"慷慨悲歌之士"。陈然牺牲时年仅26岁。

《我的"自白"书》

《红岩》故事里成岗的原型就是陈然，他被捕后经历严刑拷打，在敌人强迫他写投敌自白书时，愤然写下这样一份《我的"自白"书》。

二楼《挺进报》印刷房间

这是陈然烈士秘密印刷《挺进报》的历史场景复原陈列。《挺进报》的刻版工作由蒋一苇在白天进行，印刷则由陈然在晚上开展。为了避免夜里灯光引人怀疑，陈然用厚纸糊在墙壁上，遮盖缝隙，在窗后挂上厚毯子遮光，并且还用黑纸做个灯罩。

留言墙

南岸区 NO.32 第三十二站

《挺进报》旧址

《挺进报》室外标志性小景观

绣红旗展示墙

《挺进报》旧址修建于20世纪30年代，坐东向西，面临南滨路，与朝天门码头隔江相望，是一栋一楼一底砖木结构的小楼，平面布局规整，建筑面积约350平方米。建筑西南面带约500平方米大平台，建筑三面围绕堡坎，小青瓦屋面，四坡水屋顶，清水砖外墙，室内砖墙及砖柱承重，木结构横梁。该建筑平面空间布局多为柱网结构分割的单间，每个房间都有独立的入口，木板条吊顶，外窗扇为民国风木框架窗扇，整个建筑保存完好。2021年，《挺进报》旧址被重庆市委、市政府命名为重庆市爱国主义教育基地。

TIPS

地理位置：重庆市南岸区涂山镇玄坛庙社区野猫溪31—33号

开放方式：免费开放

开放时间：周二至周日，9:00—18:00，周一闭馆，节假日开放

联系方式：15520041520

博物馆里的宝贝

儿童保育会汇票单

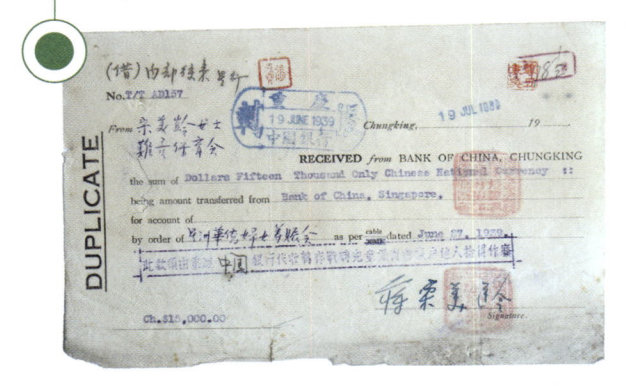

这张汇票单是1939年6月星洲华侨妇女筹赈会通过重庆中国银行捐给战时儿童保育会的,金额为一万五千美元,上有蒋宋美龄女士的亲笔签名,是海外华侨援助国内抗日救亡运动的重要史证。

打卡任务

在参观场馆展柜中找出与"重庆大轰炸"相关的至少两件可移动文物,并与之合影。(线索一:在孔园"反空袭斗争"中需要使用的地面设备;线索二:在综合馆中与日机轰炸密切相关的一件武器。)

你知道吗?

20世纪20年代,重庆白礼洋行买办黄云阶在此购建别墅取名黄家花园,又名黄山。1938年秋,国民政府军事委员会迁移重庆,蒋介石从黄云阶手中购得黄山,黄山遂成为当时国民政府军事、政治、外交中枢的场所,是国共两党第二次合作的重要政治舞台,是国际反法西斯战争远东战区的指挥中心。黄山官邸是蒋介石当年在战时首都重庆最爱居住的也是居住时间最长的一处官邸。

达人攻略

综合陈列馆

综合陈列馆设有基本陈列《抗战之都 英雄之城——重庆视野里的全民抗战》。该展览主要展示重庆视野里的全民抗战,以图文展板、展柜藏品、主题雕塑、历史场景还原和声光电多媒体相结合的形式还原重庆视野里的全民抗战。

云岫楼

云岫楼为蒋介石在渝期间最主要的办公居住地。目前开放一、二楼,对会议室,以抗战十四年为历史背景,以蒋介石在战时首都重庆的活动为展览重点,并用历史图片和藏品资料相互映照的形式,从不同的侧面真实地展现了抗战时期的蒋介石。

松厅

松厅是蒋介石宋美龄夫妇的寓所,门额上悬挂有蒋介石亲笔手书"松厅"横匾。目前,对会客室、餐厅、办公室和卧室进行了复原陈列,以宋美龄在战时首都重庆和在国外的外交活动为展览重点,从不同的侧面真实地展现了抗战时期的宋美龄。

研学课程

重庆抗战遗址博物馆结合《新时代爱国主义教育实施纲要》,充分挖掘各门课程蕴含的德育资源,以"传习抗战历史、传播抗战文化、传承抗战精神"为核心主题,把"抗战史"(十四年抗战)、"大轰炸"(重庆大轰炸)、"英烈魂"(抗战英烈)、"统战线"(抗战时期宋庆龄)、"复兴情"(台湾光复纪念)等五个主题链接成一个核心主题链,形成"历史与博物馆体验"为核心的中小学生特色研学课程体系。感兴趣的同学,快快去参加吧!

留言墙

NO.31·重庆抗战遗址博物馆

重庆抗战遗址博物馆

南岸区 NO.31 第三十一站

蒋介石官邸——云岫楼

宋美龄别墅——松厅

TIPS

地理位置：重庆市南岸区南山植物园路1号
微信公众号&官方微博：重庆抗战遗址博物馆
开放方式：售票，门票18元/人
开放时间：旺季（3月5日—10月15日）
　　　　　　9:00—18:00，开放展馆于17:50清场；
　　　　　　淡季（10月16日—次年3月4日）
　　　　　　9:00—17:30，开放展馆于17:20清场
联系方式：023-62462447

　　重庆抗战遗址博物馆（重庆黄山抗战旧址群，又称黄山官邸）地处长江南岸的南山风景区内，最高海拔580米，占地面积280亩，是重庆主城内融自然景观与人文景观为一体的风景名胜游览胜地，是重庆乃至整个西部地区对外开放的抗战文物遗址中保护最完好、规模最宏大的一处，是国家重点文物保护单位、国家4A级旅游风景区、国家海峡两岸交流基地、全国中小学研学实践教育基地、首批中国20世纪建筑遗产。2019年9月28日，重庆抗战遗址博物馆被授予"第六批重庆市爱国主义教育基地"称号。

博物馆里的宝贝

第一枚校徽

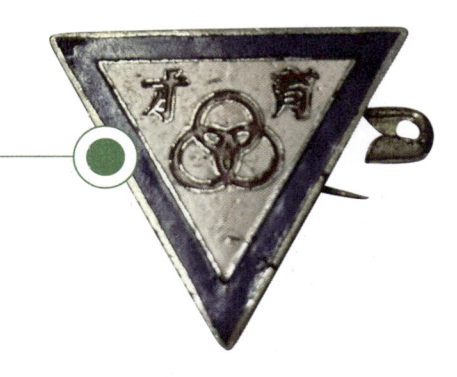

重庆市育才中学校（育才学校）古圣寺时期的第一代校徽：蓝色三角形边框，正面印有红色三环和育才两字，背面别针完整，编号2739。重庆市育才中学校陶行知纪念馆现仅存一枚。这枚校徽由陶行知构思，版画家陈烟桥设计。

打卡任务

在三楼祝福墙的位置留下祝福并领取对应陶娃合影的提示线索。根据提示线索，找到对应类型的陶娃合影。（线索提示：基地设置有5类陶娃合影背景，分别是运动陶娃、劳动陶娃、文学陶娃、科技陶娃、艺术陶娃。）

达人攻略

研学课程

结合陶行知纪念馆爱国主义教育基地实际，重点打造爱国主题教育"人人都是讲解员——走进陶行知纪念馆"，让每一位研学者了解、梳理、讲解关于陶行知及重庆市育才中学校的红色历史，成为陶行知纪念馆的讲解员，获得感同身受的立体的爱国教育。

留言墙

你知道吗？

陶行知，安徽省歙县人，人民教育家、思想家，伟大的民主主义战士、爱国者，全国各界救国联合会和中国民主同盟的主要领导人之一，重庆市育才中学校创始人、第一任校长。

1917年秋，陶行知先生海外学成归国，受到国内各高校争抢，他先后任南京高等师范学校、国立东南大学教授、教务主任等职。后来，他毅然辞去高薪工作，脱下西装，换上布衣草鞋，离开舒适的城市生活，来到贫困的农村，住进牛棚里，亲手创办了中国历史上第一所专门培养乡村教师的学校——晓庄师范学校。

1939年，战火纷争中，陶行知先生怀抱育才兴邦之宏愿，在周恩来、邓颖超和民生公司创始人卢作孚先生等各界人士的大力支持下，历尽艰辛，终于在重庆合川古圣寺创办育才学校；在断壁残垣、枪林弹雨中为难童树一方避难之所；开展平民教育，将大众教育与人才教育有机结合；培养追求真理的小学生，自觉觉人的小先生，手脑双挥的小工人，反抗侵略的小战士！

抗战时期，陶行知先生积极从事国内抗日救亡运动，也在世界舞台上呼唤和平，力斥暴乱与战争，创办民盟重庆支部刊物——《民主星期刊》，积极宣传并推行"反对独裁，要求民主；反对内战，要求和平"的政治主张。

重庆育才中学陶行知纪念馆三楼"捧着一颗心来，不带半根草去"主题雕塑

NO.30·重庆育才中学陶行知纪念馆

九龙坡区 NO.30 第三十站
重庆育才中学陶行知纪念馆

重庆育才中学校门与陶行知纪念馆

重庆育才中学陶行知纪念馆一楼"万世师表"陶行知主题雕塑

重庆育才中学陶行知纪念馆二楼育才学校古圣寺校门还原

重庆市育才中学校陶行知纪念馆（以下简称陶馆）位于重庆市九龙坡区谢家湾正街92号，是全国第一所在中学校园内建成的名人纪念馆。2019年12月31日，在重庆市育才中学校建校80周年之际，陶馆正式落成开馆。纪念馆是长方体三层钢混结构建筑，建筑面积约2000平方米，由"两馆""十三厅"组成。

馆内采用图片、文字、实物、主题群雕、声光电、数码结合等形式，全面立体、多维度地展示陶行知先生生平及其教育思想，尤其是其创办育才学校、践行教育救国、开展民主同盟工作等更是成为全馆的亮点。全馆展出1000余件展品，其中陶行知信札、手稿等文物20余件，图片630余张，书籍、徽章、校牌等藏品470余件，陶行知半身铜像、手模、脸模、山城升起的第一面五星红旗等文物复制件20余件。

TIPS

地理位置： 重庆市九龙坡区谢家湾正街92号，重庆市育才中学校校门东侧

官方网站： www.cqyc.com

开放方式： 目前只针对教育系统、政府机关等团体学习参观，不收取任何费用

开放时间： 周一至周五 9:00—16:30

联系方式： 023-86051088

博物馆里的宝贝
国家一级文物"八一三日记"

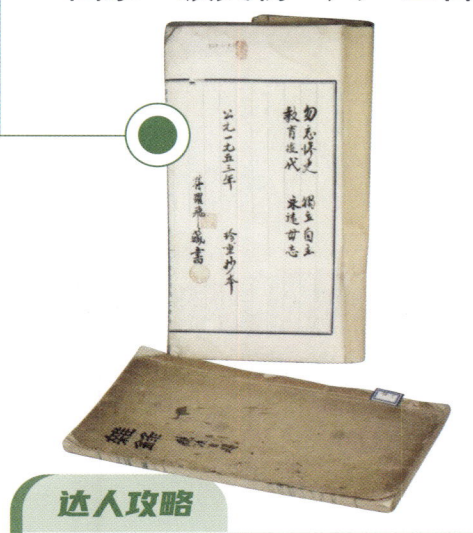

这本日记起讫于1937年8月12日至9月11日，共计31天，恰逢"八一三事变"爆发，日记记录了日军的侵略罪行以及全面描写了"八一三"淞沪抗战时上海的社会现状。作者张德治，当时就职于上海长城唱片公司。张德治原是浙江余姚的一名热血青年，因家境败落辍学，为谋生只得到上海投奔舅舅。经由舅舅帮忙，他刚刚在上海长城唱片公司谋得一职，却不料战事爆发。他目睹形势，自忖大战迫眉，自己体弱多病，尚不能亲上战场，便想到有责任记录这一切，为后人留下史料。

打卡任务

找到标明博物馆所在处为重庆抗战兵工旧址的标识（即刻有相关字样的图腾柱），并与之合影。

达人攻略

🚩 兵工署第一工厂旧址博物馆

设立于重庆市九龙坡区谢家湾原"兵工署第一工厂旧址"的一处防空洞。通过文物、版面、场景复原、多媒体展示等形式，真实反映第一兵工厂的历史风貌和中国民族兵工产业发展的艰难历程，揭示中华民族不屈的抗日精神。

🚩 抗战文物博物馆

通过中流砥柱、正面战场等众多板块展出的珍贵抗战文物，以铁一般的史实再现了当年日本侵略者的野心，对日本右翼分子否认侵华事实给予最有力的回击，警示中华民族以史为鉴，努力开创和平友好的未来。

🚩 票证生活博物馆

通过展陈票证时代百姓吃、穿、住、用、行及生活细节，辅以各种票证实物，清晰勾勒出中国百姓的社会风尚、生活习俗，形成几代人求生存、谋幸福的岁月画卷。

建川博物馆票证生活博物馆

留言墙

NO.29·重庆建川博物馆

九龙坡区 NO.29 第二十九站

重庆建川博物馆

MUSEUM CLUSTER JIANCHUAN CHONGQING
重庆建川博物馆聚落

重庆抗战兵工旧址公园

建川博物馆基本陈列

重庆建川博物馆位于重庆市九龙坡区谢家湾街道黄家码头社区内全国重点文物保护单位重庆抗战兵器工业旧址群（兵工署第一兵工厂旧址），是利用抗战生产洞洞体作为馆址设立的博物馆聚落，由兵工署第一工厂旧址（汉阳兵工厂）博物馆、抗战文物博物馆、兵器发展史博物馆、民间祈福博物馆、重庆故事博物馆、中国"囍"文化博物馆、中医药文化博物馆、票证生活博物馆、"我们走在大路上——新中国70年民间记忆"博物馆、重庆人民防空历史陈列馆、农民工历程巡礼等11个主题博物馆组成，展陈文物包括116件国家一级文物在内的各类文物藏品12万余件，文物主要包括抗战、兵工、民俗、红色年代等近现代史料、物品，囊括从辛亥革命到改革开放近百年的中国历史沉积物，集中体现了重庆建川博物馆"为了和平，收藏战争；为了未来，收藏教训；为了安宁，收藏灾难；为了传承，收藏民俗"的建馆宗旨。

TIPS

地理位置：重庆市九龙坡区谢家湾付家沟1号
官方微信公众号：重庆建川博物馆
官方微博：重庆建川博物馆聚落
开放方式：售票，门票50元
开放时间：上午9:00—下午5:30，大年三十闭馆
联系方式：023-68960111

《烟白条约》《烟白条约续增专条》文物复制件

达人攻略

💡 中共四川省委第一次代表大会会议文件

会议通过了《政治任务决议案》《组织问题决议案》等文件，制定了武装反抗国民党军阀统治的《春荒暴动行动大纲》。扩大会议结束后，省内各地的农民武装暴动，便在省委的领导下陆续爆发，震撼了整个四川。

💡 杨闇公主持重庆党团组织民主生活会会议资料

这次会议也是重庆党组织历史上的第一次民主生活会。细读会议记录可以发现，主持人程序严明，争议双方辩事实、讲道理，参与者公正严谨，最后的总结一针见血，达到了解决问题、团结同志的目的。

📷 研学课程

红色故事"剧本杀"。采用单线多点式发展路径，以周贡植的一生为时间脉络，以其在各重要历史事件中扮演的重要角色为基点，使玩家参与到各历史进程之中，以参与者的角度感受周贡植本人以及红色文化在历史中的重大作用，亲身体验历史的意义。

你知道吗？

1920年8月27日，周贡植与邓希贤（邓小平）、冉均、谢陈常等赴法勤工俭学。他积极参加周恩来等领导的革命活动，经赵世炎、袁庆云介绍正式加入中国共产党。1925年奉命回国，1926年，中共重庆地委安排周贡植到国民党四川省党部（左派）农民部负责农运工作。1927年"三·三一"惨案后，中共重庆地委遭到严重破坏。周贡植受党派遣回重庆恢复组织建设。1928年2月10日至15日，中共四川临委会扩大会议（亦称中共四川省委第一次代表大会）在周贡植家中召开，选举出第一届正式的中共四川省委，周贡植任组织局主任。同年3月9日，周贡植在重庆兴隆巷8号被敌特逮捕。4月3日，周贡植在重庆朝天门沙嘴刑场英勇就义，时年29岁。

打卡任务

参加红色故事"剧本杀"并通关。

中共四川省临委会扩大会议会址外景（摄影：唐明旭）

留言墙

NO.28·中共四川省临委会扩大会议会址

中共四川省临委会扩大会议会址

九龙坡区 NO.28 第二十八站

中共四川省临委会扩大会议会址（周贡植故居）位于重庆市九龙坡区铜罐驿镇英雄湾村，是中共四川省委的成立地暨四川省委组织局主任周贡植烈士故居。故居建筑始建于清末民初，为三进式四合院布局的穿斗式木结构建筑。2009年，该遗址列入市级文物保护单位。2018年8月，重庆市九龙坡区政府启动实施中共四川省临委会扩大会址修缮布展项目，并于次年4月竣工。该修缮项目荣获"2020年度重庆市文物利用优秀项目"奖项。修缮后的景观面积27000平方米、文物主体面积1179平方米，分初心堂、忠心堂、赤心堂三个院落。

该革命遗址是中国共产党在重庆、四川地区建立和发展历史的里程碑，同时，也是第一次国共合作在四川的模范实践地，对重庆和四川的统一战线工作具有重大意义，已被评为重庆市爱国主义教育基地、重庆市统一战线传统教育基地和重庆市九龙坡区爱国主义教育基地、区级社科普基地。

TIPS

- **地理位置**：重庆市九龙坡区铜罐驿镇英雄湾村
- **官方微信公众号**：橘乡铜罐
- **开放方式**：免费开放
- **开放时间**：周二至周日（9:00—17:00）
- **联系方式**：023-68148673，023-65901216

博物馆里的宝贝
刘伯承眼部手术工具

这是刘伯承1916年丰都战役受伤后，进行眼部手术同时期的手术刀、碘酒等工具。刘伯承在此役中经历了九死一生。头部连中两弹，一弹擦伤颅顶，另一枚子弹从右太阳穴射入，穿过右眼而出。刘伯承在私人诊所沃克医生那先后做了两次眼伤手术，第一次是割去腐肉，理顺血管。几个月后，为装假眼进行了第二次手术。当时诊所设备比较简陋，动手术只能实施局部麻醉。沃克医生一刀一刀修割腐肉，每一刀都疼痛钻心，难以忍受，在长达三个多小时的手术中，尽管麻醉药作用早已消失，刘伯承却面不改色，安然端坐接受治疗。刘伯承见这位外国医生豪爽、正直，就将自己的经历和处境如实相告，沃克医生听后，更为感佩，连称："你真是军神！军神！"刘伯承元帅一代"军神"之称由此而来。

打卡任务

找到刘伯承眼部手术工具，并与之合影。

达人攻略

光影艺术呈现解放碑的故事

解放碑是中国人民反法西斯战争取得胜利的象征，也是重庆解放及重庆市的象征。"人民解放纪念碑"，曾为"精神堡垒""抗战胜利纪功碑"，1950年更名为"人民解放纪念碑"，可通过光影效果了解有关解放碑的历史变迁。

"泸顺起义"策源场景复原

1926年11月中旬，杨闇公、刘伯承、朱德三人在刘伯承六店家中召开中共重庆地委军事委员会第一次秘密会议。展馆根据当时的情况进行了复原，放置了会议桌，墙上挂出了"泸顺起义"组织系统表、各路起义军人员、计划作战图等，利用实物复原历史场景，提高观看性。请你前往体验吧！

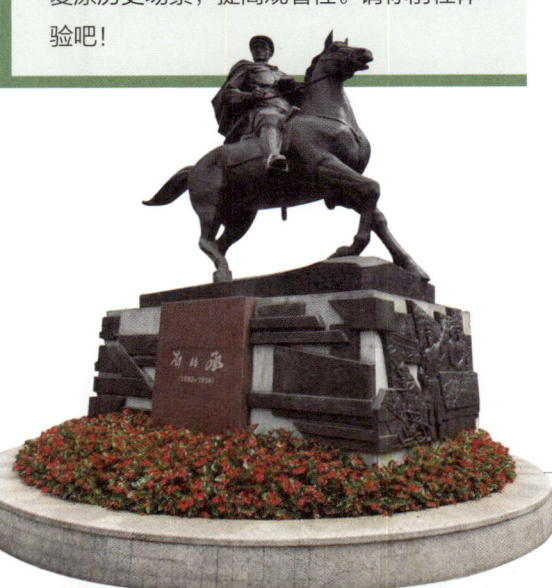

你知道吗？

作为革命类旧址的重要一处，刘伯承六店旧居是刘伯承1926年在重庆入党时的住所，是奏响中国共产党武装起义的先声——"泸顺起义"的策源地，也是刘伯承、邓小平、贺龙主政大西南期间的见证地，对于回顾与追溯这一历程，传承红色基因，实现中华民族的伟大复兴有着重要意义。

留言墙

NO.27·刘伯承六店旧居

刘伯承六店旧居

九龙坡区 NO.27 第二十七站

刘伯承六店旧居大门

刘伯承六店旧居内部

刘伯承同志是中国人民的伟大战士，中国共产党的优秀党员，中国人民解放军的缔造者之一，伟大的无产阶级革命家、军事家，马克思主义军事理论家、中华人民共和国元帅。

旧居是刘伯承于1924年在石桥铺购置的一所川东四合院民居，建筑面积约820平方米，现为重庆市文物保护单位、市级爱国主义教育基地和市级国防教育基地。馆内展陈以"军神·丰碑——刘伯承重庆史实展陈"为展题，收集了来自重庆市档案馆、开州刘伯承同志纪念馆、重庆中国三峡博物馆和重庆图书馆等单位的各类文物近200件（套），以刘伯承在重庆从军报国，入党革命，成长为一代"军神"，率军解放大西南，建设新重庆的光辉业绩和崇高风范为主线，分为4个单元，11个展厅，重点展示刘伯承在重庆期间的革命史实。除丰富的展品外，展览结合了3D等新媒体技术，让红色故事可观可感，让革命精神更鲜活生动。

TIPS

地理位置：重庆市九龙坡区渝州路街道1165号烟灯山公园内

开放方式：免费开放

开放时间：09:00—17:00（16:30停止入内），周一闭馆，节假日除外

联系方式：023-68673283，023-68672531

沙坪坝区 NO.26 第二十六站

重庆张治中纪念馆

博物馆里的宝贝
一块匾额

张治中纪念馆里珍藏着一块匾额，上书"黎民怀医师"，落款"张治中"。抗战期间，张治中寓居重庆沙坪坝土主三圣宫。据说一天夜里，张治中突发急病，但此地偏僻荒凉，交通不便，一时之间上哪里寻医呢？正当众人焦急不已的时候，从三圣宫村附近来了一位名叫黎民怀的老中医，在危难之际治愈了张治中的病痛。病愈后的张治中十分感激，欲重金酬谢。老中医却分文不取，只请求送他一副由将军亲手题写的牌匾以作纪念。如今，匾额虽饱经沧桑、仅残留下联，可这份珍贵的情谊却在岁月中历久弥新。

TIPS

地理位置：重庆市沙坪坝区土主街道三圣宫村
官方微信公众号：巴蜀古代建筑博物馆
开放方式：免费开放
开放时间：周二至周日 9:00 至 17:00
（16:30 停止入馆）
联系方式：023-65661906

重庆张治中纪念馆外景

重庆张治中纪念馆位于重庆市沙坪坝区土主街道三圣宫村，为依托全国重点文物保护单位国民政府军事委员会政治部旧址建成的遗址类博物馆。纪念馆占地面积5333平方米，建筑面积1578平方米。"三圣宫"原为清代宗教庙宇，已有200多年历史。抗战时期，国民政府军事委员会政治部在此设立乡间办事处，时任政治部部长的著名爱国将军张治中曾寓居于此。2007年，沙坪坝区开展对旧址的抢救性修复工作，2008年1月，纪念馆正式免费对外开放。

达人攻略

研学课程

张治中纪念馆面向青少年、儿童精心组织开展主题鲜明、生动直观的教育活动。纪念馆重视馆校共建工作，与重庆大学建筑与城规学院、重庆师范大学历史与社会学院、重庆建筑科技职业学院达成馆校合作协议。2020年从北京郭沫若纪念馆引进临展《熔古铸今 虎卧龙腾——郭沫若书法艺术展》，确保爱国主义展览常办常新。

打卡任务

找到写有"黎民怀医师"的匾额，并与之合影。

留言墙

NO.26·重庆张治中纪念馆

50 第二十五站·重庆图书馆

沙坪坝区
NO. 25
第二十五站

重庆图书馆

重庆中国抗战大后方历史文献中心展厅

达人攻略

展馆有重庆大轰炸下的中共中央南方局领导周恩来夫妇的塑像，抗战时期的珍贵书籍和期刊，抗战大后方遗址遗迹纪录片播放，缩微胶卷展示等。感兴趣的你，可以亲自前往参观哦！

TIPS

地理位置： 重庆中国抗战大后方历史文献中心位于重庆图书馆四楼
开放方式： 免费开放、团体预约参观
开放时间： 9:00—17:00
联系方式： 023-65210057

重庆中国抗战大后方历史文献中心是重庆图书馆内设的，全面整理抗战历史文献，整合全市抗战文献资源，设置了抗战大后方文献陈列室，图书资料的展览以"抗战爆发""川军出川""国宝南迁""国府内迁""国共合作""轰炸中的重庆""抗日教育""抗战胜利"等28个主题为线索，采用巨幅照片、抗战图表、书籍、报纸及影像等形式，并利用历史文献实物、图像及塑型结合的方法组成立体意象空间。展览表现了中华民族为世界反法西斯战争的胜利付出的巨大民族牺牲和不可替代的重要历史贡献；表现了在中国共产党倡导建立的抗日民族统一战线旗帜下，以国共合作为基础，全国各族人民包括台港澳同胞、海外侨胞共同抵抗日本帝国主义侵略的历史；同时，展览深刻揭露了日本侵略者在侵华战争中犯下的滔天罪行，并突出展现了以重庆人民为代表的中国抗战大后方军民不畏强暴、坚持抗战的历史。

打卡任务

找到周恩来夫妇塑像，并与之合影。

留言墙

博物馆里的宝贝
民国冯玉祥手书诗词瓷花瓶

冯玉祥生性好学，手不释卷，著书立说，苦练书法，尤以隶书见长。他自创"丘八体诗"，并打趣说道："我的诗粗俗到家了，和雅人们的雅诗比不了。我是个大头兵，兵字拆开就是丘和八，所以我写的诗就是丘八诗。"纪念馆展出了冯玉祥生前的部分诗画和书法作品。他的诗和画大多反映人民大众生活疾苦，语言通俗，画风质朴。

这只白底蓝釉的瓷瓶是由冯玉祥将军亲笔题书并二次烧制而成的，瓶身上书"瓶内一枝花，无论红白皆爱它，国家要独立，对于倭寇需铲他"。1946年离开重庆之际，他将这只瓷瓶送给了当年的帮工。

打卡任务
在冯玉祥纪念馆大门处合影留念。

达人攻略

研学课程

基地定期组织中小学生走进纪念馆，联合开展主题班会、入队宣誓等活动，帮助学生树立正确的人生观，使博物馆成为学生缅怀先烈、树立理想、探索人生意义的活动基地及第二课堂；利用每年的"5·18"国际博物馆日、中国文化遗产日、抗日战争胜利纪念日、烈士纪念日等，提供免费讲解，扩大对外宣传，积极开展巡展活动，提供流动文化服务，让博物馆走进学校、街镇、社区。

你知道吗？

1938年，时任国民政府军事委员会副委员长的冯玉祥将军迁来重庆，居住于歌乐山金刚坡。1939年初，冯玉祥从原房主张海南处购得此宅，偕夫人、子女迁居此处。直至1946年，冯玉祥将军携家人离开重庆。

留言墙

冯玉祥纪念馆内天井（沙坪坝区文物管理所供图）

NO.24·重庆冯玉祥纪念馆

沙坪坝区 NO.24 第二十四站

重庆冯玉祥纪念馆

冯玉祥纪念馆展厅（沙坪坝区文物管理所供图）

冯玉祥纪念馆展厅（沙坪坝区文物管理所供图）

TIPS

地理位置：重庆市沙坪坝区陈家桥街道白鹤村
官方微信公众号：巴蜀古代建筑博物馆
开放方式：免费开放
开放时间：周二至周日 9:00 至 17:00
（16:30 停止入馆）
联系方式：023-65661906

重庆冯玉祥纪念馆（下院）位于沙坪坝区陈家桥街道白鹤村，为依托市级文物保护单位冯玉祥旧居建成的遗址类博物馆。纪念馆占地面积 2362 平方米，建筑面积 1437 平方米，为晚清普通巴渝民居，穿斗式构架，小青瓦两面坡屋面。旧居分上下两院，上院为副官、后勤士兵驻地，下院为冯玉祥及家人、警卫居住地。下院由前一坝、内三个天井组成三套四合院式建筑群。

新中国成立后，旧居曾用作炮兵部队校舍、重庆虎溪电机厂职工宿舍。2003 年，沙坪坝区对下院开展抢救性修复工作，同年 12 月，冯玉祥纪念馆（下院）作为免费开放纪念馆对外陈列开放。纪念馆现为国家 AAA 级旅游景区、全国统一战线传统教育基地、重庆统一战线传统教育基地、重庆市对台交流基地、重庆市爱国主义教育基地。

博物馆里的宝贝

百年银杏树

郭沫若旧居银杏树（沙坪坝区文物管理所供图）

郭沫若旧居里有一棵银杏树，岁逾百年，枝拂蓝天。这是郭沫若钟爱的一棵树，也是不断带给他灵感，以笔为国呼号的忠实伙伴。抗战时期郭沫若寓居此地，常常在这棵树下纳凉、散步，与傅抱石、李可染等文化名人在树下诵诗赏画，即兴挥毫，讴歌千里江山，鼓舞抗战士气。1941年7月27日，周恩来偕同邓颖超来到这里，在这棵银杏树下与文化工作委员会的同志们一起，为郭沫若举行回国四周年纪念晚会。此外，中共党史内的重要整风文件——《甲申三百年祭》也是郭老在这棵树下创作完成的。它像一个无言的伴侣，见证了三厅在重庆的抗战文化事业。

打卡任务

找到旧居里的百年银杏树，并合影打卡。

达人攻略

精品展览

旧居坚持开展馆际交流，积极引进精品展览，确保爱国主义展览常办常新。近年来，从重庆中国三峡博物馆引进临展《嘉陵江上——抗战时期美术作品展》《白鹤梁水下博物馆》，从北京郭沫若纪念馆引进临展《反腐倡廉话甲申》《郭沫若与人民艺术展》。2021年，引进并成功举办由北京市文物局、北京博物馆学会、中共北京市西城区委宣传部、沙坪坝区文化和旅游发展委员会联合主办的《传承文化名人之精神 点亮博物馆未来之光——8+名人故居纪念馆联展（重庆站）》。

研学课程

郭沫若旧居重视青少年教育工作，与重庆大学建筑与城规学院、重庆师范大学历史与社会学院、重庆建筑科技职业学院达成馆校合作协议，组织青少年到馆参加爱国主义教育活动。

你知道吗？

郭沫若于1938年12月抵渝，时任国民政府军事委员会政治部第三厅厅长。抗战时期，三厅作为在国统区内由共产党起主导作用的政府机构，成为了以共产党为核心，动员各民主党派、人民团体和民主人士参加的抗日民族统一战线的营垒。1940年，国民政府撤销三厅，设立为文化工作委员会，周恩来任指导员，郭沫若任主任。

抗战时期，郭沫若在重庆领导文化界人士开展抗日宣传工作，全家院子逐渐成为当时大批文艺界人士活动的重要阵地。郭沫若在此完成了《屈原》《虎符》《高渐离》《棠棣之花》《孔雀胆》《南冠草》等历史剧作及《青铜时代》《十批判书》等史学著作。其中，《甲申三百年祭》一文得到毛泽东高度赞赏并被列为延安整风学习文件。抗战胜利后，郭沫若于1946年离开重庆。

留言墙

沙坪坝区 NO.23 第二十三站 · 重庆郭沫若旧居

郭沫若纪念馆展厅

郭沫若旧居外景（沙坪坝区文物管理所供图）

TIPS

地理位置：重庆市高新区西永街道微电园第一社区西科三路

官方微信公众号：巴蜀古代建筑博物馆

开放方式：免费开放

开放时间：周二至周日 9:00 至 17:00（16:30 停止入馆）

联系方式：023-65661906

重庆郭沫若旧居为依托全国重点文物保护单位国民政府军事委员会政治部第三厅暨文化工作委员会旧址建成的遗址类博物馆。纪念馆占地面积 10190 平方米，建筑面积 1566 平方米，建筑风格为清晚期四合院，穿斗式架构，小青瓦屋面，斜山式屋顶。全家院子原为一户全姓人家住宅，抗战时期，国民政府军事委员会政治部第三厅暨文化工作委员会在此设立乡间办事处，时任三厅厅长的著名文学家、社会活动家、历史学家郭沫若曾寓居于此。

2005 年，重庆市沙坪坝区开展对该处旧址的抢救性修复工作，同年 9 月，纪念馆免费对外开放。纪念馆现为国家 AAA 级旅游景区、重庆市爱国主义教育基地。

博物馆里的宝贝

重庆"三·三一"惨案死难烈士墓地隶书轴

该书轴是1987年，由中共党员郝谦、张秀熟合作题写。书轴尺寸141.7cm×90.5cm。书轴中的文字内容为："天地有正气，杂然赋流形。于人曰浩然，沛乎塞苍溟。是气所磅礴，凛冽万古存。当其贯日月，生死何足论"。

打卡任务

利用基地线索，与墓地纪念碑打卡拍照。（线索提示：母亲怀抱死去的孩子。）

达人攻略

研学课程

重庆"三·三一"惨案死难志士群葬墓地作为市区两级青少年爱国主义教育基地，充分发挥爱国主义教育基地作用。每年3月31日缅怀日、4月5日清明节、9月3日抗战胜利纪念日、9月30日烈士纪念日、12月13日国家公祭日等节日，与社区、学校、企事业单位等团体，开展"缅怀革命先烈，纪念革命先贤"的红色主题祭奠活动，积极传承红色基因，继承革命传统，弘扬爱国主义精神。

你知道吗？

1927年3月24日，北伐军胜利攻占南京，南京群众举行庆祝集会，竟遭到英国军舰开炮轰击，造成死伤民众达一千余人。中共重庆地委决定于1927年3月31日在打枪坝以"重庆工农商学兵反英大同盟"名义，举行"重庆各界反对英美枪击南京市民大会"。在活动当日，四川军阀刘湘伙同蒋介石有预谋地对参加大会的群众进行血腥镇压，伤亡爱国群众达一千余人。此即著名的重庆"三·三一"惨案。

1927年重庆"三·三一"惨案发生后，中国共产主义运动先驱者、四川党团组织主要创建人和大革命运动的主要领导人，重庆革命领袖杨闇公不幸被捕，于1927年4月6日牺牲于浮图关，年仅29岁。1985年3月，重庆市江北区人民政府着手修建重庆"三·三一"惨案死难志士群葬墓地，并于1987年3月建成。时任中央军委副主席的杨尚昆参加揭幕仪式，亲自揭幕并题字："重庆'三·三一'惨案死难志士群葬墓地"。

留言墙

展厅陈列

NO.22·重庆"三·三一"惨案死难志士群葬墓地

江北区 NO.22 第二十二站

重庆"三·三一"惨案死难志士群葬墓地

重庆"三·三一"惨案死难志士群葬墓地纪念碑（正面）

内部全景

重庆"三·三一"惨案死难志士群葬墓地占地2666.67平方米，为园林布局。陈列馆为一楼一底扇形建筑，建筑面积380平方米。群葬墓包括门廊、墓碑、回廊。墓地纪念碑坐西北向东南，碑体为大理石质地；刻有火焰纹路，侧立面为梯形；背面阴刻杨尚昆（时任中华人民共和国中共中央政治局委员、中华人民共和国主席、中央军事委员会副主席）题字："重庆'三·三一'惨案死难志士群葬墓地"；底座由青石砌成，为不规则六面体，铭刻着烈士英名；碑前立有"母亲怀抱牺牲的孩子"锻铜造型塑像。1998年，重庆"三·三一"惨案死难志士群葬墓地被命名为重庆市青少年教育基地，2019年被重庆市委、市政府正式命名授牌为重庆市第六批爱国主义教育基地。

TIPS

地理位置：重庆市江北区五里店街道五里店社区建新东路310号

开放方式：免费开放，免费提供整点讲解服务

开放时间：周二至周五 9:00—17:30

联系方式：023-67017139

长安汽车研发中心

你知道吗？

起源于1862年的上海洋炮局，主要生产各种枪炮，1937年"八·一三"上海事件爆发，因准备抗战，西迁至重庆簸箕石和南岸铜元局，更名为重庆兵工厂，是整个抗战期间最大的兵工企业，具有丰富的抗战文化。

打卡任务

找到百年长安发展历程展览，并与之合影。

留言墙

达人攻略

💡 民族汽车工业发展历史文化传播基地

通过丰富的图、文、声像、实物资料展示百年长安发展历程，特别是呈现改革开放以来，长安进入汽车领域生产小型汽车，坚持自主创新向轿车领域进军，进入中国四大汽车集团阵营，开启第三次创业，奋力向智能低碳出行科技公司转型，实现快速发展的过程。

💡 民族汽车工业研发实力、科技创新成果展示基地

通过展示长安汽车已有的国家汽车噪声振动和安全技术重点实验室，总投资约20亿元、占地3500余亩的亚洲精度最高、国内功能最全的长安汽车综合试验场等自主创新研发实力，及智能化、CAE仿真等870项整车核心技术，国内首创动力总成品牌蓝鲸动力，200余项发动机核心技术，国内外专利14477件等自主创新研发成果，让参观者充分感受中国民族汽车工业的发展状况和领先地位，增强民族品牌自豪感和自信心。

💡 全国汽车工业领军人才培养基地

利用长安汽车拥有的来自全球24个国家的工程技术人员，致力于打造精细的研发体系，构建了国际一流人才团队，利用现有国内外汽车领域顶尖专家资源，开展一系列具有特色的专业学习交流、培训、沙龙，持续培养中国汽车行业领先的汽车专家，成为全球优秀人才的聚集高地，为中国汽车行业的发展源源不断地输出研发、管理、智能制造等领域的专家人才。

📷 研学课程

每年邀请中小学生、社会公众、行业媒体走进长安汽车品牌体验基地进行免费参观，传递民族品牌汽车自豪感与荣誉感。打造"智慧小镇"，面向公众开放L4级自动驾驶商用示范体验，近距离感受汽车制造的魅力，深入了解、认可以长安汽车为代表的中国制造，传递汽车文明。

第二十一站·重庆长安汽车股份有限公司

江北区
NO. 21
第二十一站

长安汽车全球研发中心

全球研发中心 NVH 实验室

长安汽车是中国汽车四大集团阵营企业，拥有160年历史底蕴、38年造车积累，全球有14个生产基地，33个整车、发动机及变速器工厂。分别在重庆、北京、河北定州、安徽合肥、意大利都灵、日本横滨、英国伯明翰、美国底特律和德国慕尼黑建立起"六国九地"各有侧重的全球协同研发格局。2004年被命名为重庆市爱国主义教育基地。

始终以"引领汽车文明，造福人类生活"为使命，以客户为中心，以产品为主线，持续提供高品质的产品和服务，奋力推进第三次创业——创新创业计划，向智能低碳出行科技公司转型，为实现世界一流汽车企业努力奋斗。

科技长安，智慧伙伴！

TIPS

地理位置： 长安汽车总部：
重庆市江北区江北嘴金融城2号楼T2

全球研发中心：
重庆市江北区鱼嘴镇两江大道226号

官方微信公众号&官方微博： 长安汽车

开放时间： 09:00—12:00，13:30—17:30
（周一至周五）

联系方式： 023-67921111，023-67921529

江北区 NO.20 第二十站

重庆市廉政教育基地

打卡任务

找到"永远在路上"石碑，并合影留念。

达人攻略

展馆第2层，一是展示了党的十八大以来，以习近平同志为核心的党中央坚定不移全面从严治党取得的卓著成效；二是以党章为主线，展现建党以来各个时期党风廉政建设的特点；三是展现早期中共重庆地方党组织、红军在重庆、中共中央南方局、中共中央西南局等时期加强纪律建设的举措和事例。

展馆第3层，设置270度视频体验区，配合声光电等多媒体手段，展示严重违法人员接受司法审判以及在狱内改造的场景，以此警示参观者。

TIPS

地理位置： 重庆市江北区铁山坪街道翠微路5号

开放方式： 每个工作日9：30—11：30、14：30—16：30，免费开放

预约方式： 参观单位需提前至少三个工作日，登录重庆市纪委监委"风正巴渝"官方网站，完成线上预约

联系方式： 023-67550161

重庆市廉政教育基地位于重庆市江北区铁山坪山麓，由市纪委监委、市司法局、市监狱管理局联合建设。基地主要面向党政机关、企事业单位开展集体党风廉政教育，不受理个人参观需求。基地于2009年12月竣工，2010年3月正式对外开放。2018年12月，由市纪委监委牵头，完成全新改版升级。

基地占地面积40亩，由主体建筑和外部景观两部分组成，其中主体大楼共3层，建筑面积2700平方米，第1层为多功能厅，主要用于观看警示教育短片，第2、3层为展厅，紧紧围绕党的十八大以来，以习近平同志为核心的党中央坚定不移全面从严治党取得的卓著成效和剖析新近查处的典型案例进行内容设置。

留言墙

重庆市廉政教育基地展厅二楼第一单元

大渡口区 NO.19 第十九站 中华美德公园

中华美德公园位于重庆市大渡口区中心，与千亩双山公园相连，总占地面积约300亩，2005年6月开工建设，总投资约1.5亿元，分三期建设。目前一、二期工程已完工，免费向市民开放。它以中华传统美德文化为主题，以中华传统建构筑物为载体，通过自然石刻、碑刻、书法、字画、雕塑等表现形式，将一个又一个的名人警句、百家思想、历史故事展现出来，反映出礼仪诚信、仁义孝悌、大智博爱、爱国敬业、自强不息的中华美德内容，公园力求做到环境怡人、文化育人、道德树人的有机结合，突现中华美德的博大精深和文化传承，成为重庆市爱国主义教育基地、公民道德建设基地、未成年人思想道德建设基地和大渡口区重要的生态文化休闲场所。

达人攻略

建筑依山顺坡 突出"文化"特色

公园贯穿"道法自然"的传统哲学思想，不仅重点展示中国传统文化和廉政文化，而且在"山水之间"呈现了中华传统建筑风貌，独具匠心，在细节处蕴藏着独特的历史风情。

"美德"主题式公园

以孝德敬老、政德立身、仁德献爱、廉德为民、诚德兴业为重点打造了"孝德园""政德园""仁德园""廉德园""诚德园"五个园，寓"德"于景，使之以美德文化育人、树人的功能更为突显。

古建筑物

主要景观建筑物有：美德浮雕墙、智圣诸葛亮、茅庐礼舍、八阵图等，展现千年中华文明所孕育的道德价值规范，展现新的历史条件下中华文明的新阐发和延伸。

留言墙

打卡任务

找到公园内的"美德浮雕墙"，并与之合影！

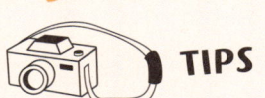

TIPS

地理位置：重庆市大渡口区文体支路222号
开放方式：免费开放
开放时间：全天
联系方式：023-68930825

博物馆里的宝贝
8000马力双缸卧式蒸汽机

该机为重庆工业博物馆镇馆之宝，1905年由英国谢菲尔德戴维兄弟公司生产，长10米、宽4.5米、高2米、重250吨。1906年，它越过重洋，由时任湖广总督张之洞从英国购进，系中国轧钢工业第一台大型轨梁轧机的原动机；它是中国钢铁工业摇篮"汉阳铁厂"的动力设备，见证了大名鼎鼎的汉阳造；它在抗战中悲壮西迁、颠沛流离，见证了中华民族抗日救国的雄心和壮举；它为新中国成功轧出第一根中华式38千克重轨提供了动力，确保了新中国建成的第一条铁路——成渝铁路全部为中国造。

打卡任务
前往主展馆、"钢魂"馆、遗址公园，寻找工业博物馆十大藏品并与之合影。

达人攻略

"主席步道"
1958年3月28日，毛主席视察重钢，先后参观了大轧车间和大平炉车间，观看了钢板轧制及平炉投料、冶炼等生产流程，指示要搞机械化运输。在听到生产技术升级使得钢产量大幅增加后，连声说了三个"好"字。毛主席留影的这条步道及旁侧的廊道被命名为"主席步道"。

"十八勇士"组雕
"十八勇士"组雕由18个人形铜像及一辆东方红号内燃机车头组合而成。是为了纪念当时为保护工厂而壮烈牺牲的刘家彝、简国治等17位护厂英雄，加上因发动工人护厂而被枪杀的烈士胥良，后人便尊称他们为"十八勇士"。

《致敬祖国·献礼华诞——庆祝中华人民共和国成立70周年"魅力重庆"彩车专题展》
2019年11月12日，作为新中国成立70周年庆典活动的重要历史见证物，"魅力重庆"彩车转运至重庆工业博物馆收藏展示。本专题展通过彩车揭秘，故事挖掘，延伸其内涵与价值，凸显城市精神、工匠精神与奉献精神，多维度展现重庆人民赤诚的爱国之情和爱渝之心。

研学课程
截至2021年底，已上线"精工造物""探秘原动机""矿石奇旅""工业塑形艺术——浇铸"等12堂课程，服务学生17000多人次。研学活动旨在带领学生探索丰富深厚的工业历史、文物藏品、科学技术内涵，体验一场"学"工业知识、"习"工业技术、"知"工业发展、"体"工业文化、"悟"工业精神的实践之旅。

留言墙

NO.18·重庆工业博物馆

大渡口区 NO.18 第十八站 重庆工业博物馆

1959年重庆三峡通用航空公司"运-5O型飞机"

庆祝中华人民共和国成立70周年"魅力重庆"彩车

TIPS

地理位置：重庆市大渡口区义渡路999号
微信公众号&官方微博：重庆工业文化博览园
官方网站：重庆工业文化博览园
（www.2019cqim.com）
开放时间：9:00—17:00（16:00停止进馆），
周一闭馆（法定节假日除外）
联系方式：19112835615，19112835616

重庆工业博物馆作为重庆四大博物馆之一，担负着"记载重庆工业历史，丰富城市文化内涵"的光荣使命，依托重钢原型钢厂部分工业遗存建设而成，由"百年风华"馆、"钢魂"馆以及工业遗址公园等构成，着力打造具有创新创意、互动体验、主题场景式的泛博物馆。

"百年风华"馆围绕近代以来重庆工业130年的发展历程，全面展示了重庆对外开埠后民族工业的振兴，以及重庆工业为中国抗战、国民经济恢复、重庆城市化进程、中国工业化进程做出的巨大贡献。"钢魂"馆是在全国第七批重点文物保护单位"重庆抗战兵器工业旧址群——钢迁会生产车间"旧址上进行活化利用、专题陈列、科普体验，呈现了"钢迁会"成立、西迁并支持抗战的恢弘历史。工业遗址公园内的庆祝中华人民共和国成立70周年"魅力重庆"彩车专题展、"棉棉的旅程"纺织展、汽摩展三个专题陈列及由川美艺术家打造的多座工业主题雕塑，体现了工业文化与公共艺术的完美结合。

博物馆里的宝贝
全国最佳工程设计特奖奖牌

由中冶赛迪设计的宝钢二期工程1994年获全国最佳工程设计特奖。1978年12月23日,改革开放头号工程宝山钢铁总厂动工。从宝钢一期到三期,中冶赛迪既是宝钢的总包设计单位,又是大量重要工程的具体设计单位。通过建设宝钢,中国具备了大型钢铁联合项目的规划和自主集成能力,逐步由技术引进走向自主集成,大幅提升中国钢铁产业国产化水平,带动了施工企业在管理、技术、装备等各方面的跨越式发展。正如中国改革开放总设计师邓小平所预言:"历史将证明,建设宝钢是正确的!"

打卡任务
在"时空隧道"展示区进行合影留念。

留言墙

达人攻略

时空隧道
"时空隧道"展示区在陈列室中央,采用极具现代感的曲面管道网架,内外通透。通过一幅幅图片展示新中国钢铁工业自立自强、创新发展,从小到大、从弱到强、从引进到输出的辉煌成就。

重庆市第一批优秀历史建筑——原西南民政部办公楼
中冶赛迪集团有限公司黄花园行政办公大楼位于中冶赛迪陈列室附近,为原西南民政部办公楼,建于新中国成立初期,建筑面积2000平方米,整体布局均衡对称,建筑形象明快舒展。该建筑为砖形结构,歇山屋顶覆琉璃瓦,民族风格的彩画装饰精美,是重庆西南大区时期行政办公建筑的典型代表。建筑主体保存完好,具有一定的历史价值、文化价值、科学价值、艺术价值和社会价值,2017年被评定为重庆市第一批优秀历史建筑。

研学课程
钢铁号称"工业粮食",钢铁工业是国民经济的基础性产业。在陈列室及其周边,一项项重点工程、一个个实物模型、一块块历史浮雕、一栋栋曾居住着老一辈工程技术人员的老屋子,带你熟悉整个钢铁工业生产流程,感受中国钢铁工业的发展历程;一项项科技成就,带你了解技术进步如何赋能钢铁工业发展,感受绿色钢厂、数字钢厂的蝶变,感受钢厂与城市的和谐共生;一项项"走出去"工程,带你感受中国钢铁工业从技术追随者到技术引领者的角色转变。

你知道吗?
20世纪50年代末,为响应党中央号召,参与了新中国钢铁工业摇篮——鞍钢大规模恢复重建的800名设计人员从大东北挺进大西南,重庆钢铁设计研究总院随即在嘉陵江畔黄花园成立。自此以后,重庆钢铁设计研究总院和由它发展而来的中冶赛迪集团有限公司一代代工程师们在这里攻关技术、绘制蓝图,并从这里奔赴天南海北。建成了毛主席、周总理亲自批准引进建设的武钢一米七轧钢工程、建成了我国第一个大型专业化无缝钢管厂——成都无缝钢管厂、建成了中国最具现代化水平的宝钢基地,为建立新中国独立完整的工业体系,推动中国钢铁工业实现现代化并迈入世界一流钢铁工业强国行列做出了突出贡献。

NO.17·中冶赛迪集团公司陈列室

第十七站·中冶赛迪集团公司陈列室

渝中区 NO.17 第十七站

中冶赛迪集团公司陈列室

时空隧道

中冶赛迪黄花园行政办公大楼（原西南民政部办公楼）

陈列室展板

中冶赛迪陈列室，于1997年被重庆市命名为市级社会主义建设成就类爱国主义教育基地，陈列室室内面积300平方米，藏有反映和见证新中国钢铁工业振兴强大历程的珍贵照片、文物等，室外有重庆市优秀建筑——原西南民政部办公大楼（现为中冶赛迪集团行政楼）、原冶金部重庆钢铁设计研究总院办公楼家属楼、钢铁工业建设纪念浮雕等。

TIPS

地理位置：重庆市渝中区双钢路1号
官方微信公众号：中冶赛迪集团
开放方式：免费开放
联系方式：023-63548331

中国话剧的圣殿——抗建堂

达人攻略

五幕话剧《雾重庆》

宋之的抗战时期在重庆创作的代表作品，也是五四以来中国话剧优秀作品之一，周恩来总理称"这个戏很好"，重庆有"雾重庆"之称便来源于此剧。1940年夏，宋之的前往前线搜集宣传素材，12月回到重庆却目睹了"前方吃紧，后方紧吃"的状况，前方生活艰苦，后方"歌舞升平"，巨大的反差深深刺痛了他的心，同年，他写出剧本《鞭》，即《雾重庆》。自1940年初版首演至今，《雾重庆》的排演从未停止。1940年12月，话剧《雾重庆》由实力强大的中国万岁剧团排演，由应云卫导演。每日演出票一度供不应求，《新华日报》甚至登出广告，请看过该戏的观众不要再看，把机会留给没看过的人。随后，作品先后在陕北、成都、桂林、香港、北京、上海等地陆续上演，引起轰动。

研学课程

抗建堂致力于让每个从事话剧艺术创作的从业人员、未来从事戏剧艺术事业的在校学生到此开展研学、研讨和观摩活动，了解历史、学习方法、汲取前行的动力。感兴趣的同学可前往咨询参加！

留言墙

你知道吗？

抗建堂剧场建成于1941年。抗战期间，重庆戏剧队伍云集，名家荟萃，剧场紧缺。时任国民政府军事委员会政治部第三厅厅长的郭沫若、主任秘书阳翰笙，向周恩来同志（当时兼任国民政府军事委员会政治部副部长）建议修建一座专门用于话剧演出的剧场。经商议决定，将位于中山一路路边的原中国电影制片厂第二摄影棚改建为一座剧场，由著名导演史东山的夫人华旦妮具体负责改建工程。经过数月施工，抗建堂于1941年4月5日正式竣工启用。由林森取战时全民口号"抗战必胜，建国必成"之意为剧场亲笔题写"抗建堂"。

抗战时期，《北京人》《风雪夜归人》《清宫外史》《棠棣之花》《虎符》《天国春秋》等33部经典剧目在此首演，70多部大型话剧在此演出，留下了周恩来七看《风雪夜归人》等佳话。新中国成立后，《雷雨》《北京人》《四十年的愿望》《红旗歌》《针锋相对》等大批名剧在此不断上演，这里成了中国话剧人的"朝圣"之地。2021年，"经典抗战话剧排演工程"正式启动，经典话剧《雾重庆》2021年版在抗建堂开启驻场演出。

打卡任务

在博物馆中寻找跟《雾重庆》演出相关的内容，并在抗建堂剧场与舞美合影。

重庆抗战戏剧博物馆内景

NO.16 · 重庆抗战戏剧博物馆

渝中区 NO.16 第十六站 抗建堂

重庆抗战戏剧博物馆

重庆抗战戏剧博物馆戏剧名人展示

经典话剧《雾重庆》剧照

重庆抗战戏剧博物馆抗战名剧舞美展示

TIPS

地理位置：重庆市渝中区中山一路181号
官方微信公众号&官方微博：抗建堂
开放方式：免费开放
开放时间：周二至周日 16:30—22:30
（周一闭馆，重点节假日除外）
联系方式：023-68574209

抗建堂·重庆抗战戏剧博物馆位于重庆市渝中区中山一路181号，由被誉为"中国话剧的圣殿"的抗建堂剧场、中国话剧的黄金岁月——重庆抗战戏剧历史陈列、戏剧创作体验空间三部分构成。抗建堂作为重庆唯一一家夜间运营的戏剧类博物馆，旨在用戏剧"活化博物馆"，在这里不仅可以参观博物馆了解重庆的抗战戏剧历史，还可以在"中国话剧的圣殿"观看经典抗战话剧的演出，感受重庆也是一座用戏剧传唱春秋的城市。

抗建堂作为重庆市级文物保护单位，是全国唯一的抗战戏剧主题类专业博物馆，也是重庆首个戏剧类专业博物馆，承载着中国几代话剧艺术工作者对中国话剧发展黄金岁月的回望与记忆。

博物馆里的宝贝

"大轰炸"隧道遗址

"大轰炸"隧道遗址

该防空隧道始建于1938年底，由重庆市防空司令部会同成渝铁路工程局等单位勘探设计，是一条从地面深挖入地底的大隧道。这条大隧道距离地面深度约10米左右，宽高分别约2米多，平伸约2千米，中途分岔成3个洞口进出，最多能容纳5000人左右掩避。该遗址保护修缮项目所在地即为当时演武厅防空隧道出入口，是国家级抗战遗址，建筑面积约455平方米。利用场景雕塑、影视艺术手法，结合同期声、光影特效等技术，逼真还原"六五"惨案场景。参观者穿行于其中，仿佛回到1941年6月5日那天，化身亲历者一起进入大隧道，经历那场震惊中外的窒息惨案，从而给予人们警示作用。

打卡任务

找到馆中的"愈炸愈强"（图片和实体形式，2个）与之合影。

你知道吗？

抗日战争时期，侵华日军对战时首都重庆及其周边城市进行了长达6年零10个月的轰炸。1941年6月5日，日军的持续轰炸造成较场口大隧道内大量无辜百姓窒息身亡，史称"六五"大隧道惨案。

留言墙

"大轰炸"隧道遗址（亲历者现场交流）

达人攻略

💡 **"重庆人民反轰炸精神永在"主题雕塑墙**

以体现重庆人民反轰炸精神的"愈炸愈强"老照片为基础，汲取山城特色风貌，通过背景中的空袭、前景的反轰炸人群，共同暗喻峥嵘岁月中中华儿女的不屈信念和乐观的抗战精神。

💡 **"重庆防空大隧道"虚拟漫游展项**

该展项复原当年重庆防空大隧道的走向及其内部环境，大家可以在指定区域做踏步动作，即可实现"漫游防空大隧道"的仿真体验，便于观众直观了解战时隧道情况。

💡 **"致命时刻"展项**

利用隧道交叉口的开阔空间，打造沉浸式剧场。采用纪实手法，展示重庆大轰炸期间，日机轰炸重庆，重庆市民乐观生活、躲避警报，消防灭火等珍贵历史画面。

💡 **"我怎能保持沉默？"口述剧场**

以亲历者的口述为基础，通过两侧墙面的局部投影、造景，同步演绎亲历者讲述的画面，构成一幅完整的视听实录，打造半独立式口述剧场，营造沉静聆听、引发思考的空间。

NO.15·重庆大轰炸遗址

渝中区 NO.15 第十五站

重庆大轰炸遗址

致命时刻展项

序厅（重庆人民反轰炸精神永在主题雕塑）

"重庆防空大隧道"虚拟漫游展项

重庆大轰炸遗址位于重庆市渝中区解放碑磁器街，是首批国家级抗战遗址，重庆市文物保护单位、爱国主义教育基地。本展馆是对文物遗址进行的保护性修缮工作，综合运用现代新科技、新技术手段，再现历史原貌，以纪念在重庆大轰炸特别是"六五"大隧道惨案中的死难同胞，展现重庆人民在重大战争灾难中表现出的坚毅、勇敢、顽强和乐观的品格，激励后世克服一切艰难险阻，为实现中华民族伟大复兴而奋斗。展馆共三层，总建筑面积1181平方米，展览内容通过序厅、"空中屠杀"——侵华日军对重庆实施大轰炸、"六五"惨案——大隧道惨案的酿成、"愈炸愈强"——重庆人民在轰炸中屹立不倒、"时空记忆"——隧道惨案场景警示、后记六个部分进行展示。

TIPS

地理位置： 重庆市渝中区较场口87号附4号
官方微信公众号： 重庆大轰炸六五惨案史实展馆
开放方式： 免费开放
开放时间： 周二至周日 10:00—18:00
（17:30停止入馆）
联系方式： （客服电话）023-63258441
（投诉电话）023-61360909

博物馆里的宝贝

儿童滑梯

市少年宫"梭梭滩"

在"70后"、"80后"的心中，重庆市少年宫又高又长的"梭梭滩"是他们儿时成长的记忆，不知道磨烂几条裤子。如今的"梭梭滩"依然保持着原来的样子，少年英雄赖宁的雕像依然矗立着。在室外"梭梭滩"中，它的高度和长度纪录依然没有被打破，从四层楼高，"嗖"一下，不到十秒钟就可滑下来，那刺激的感觉不"摆"了。

打卡任务

找到重庆市少年宫儿童滑梯，并与之合影。

你知道吗？

重庆市少年宫儿童滑梯已成为重庆这座8D魔幻城市的又一景点，成为网友争相打卡的目的地。

重庆市中小学生才艺大赛

达人攻略

趣味投壶

投壶是古代士大夫宴饮时礼节性的一种投掷游戏，投壶游戏打造了知礼、懂礼、识礼的文化氛围。行礼者身着汉服，零距离感受传统文化的魅力。老师向学生讲解投壶游戏的由来，学习投壶礼仪及技巧，组织参与学生进行两两比拼。快来试试吧！

活字印刷

活字印刷术是一种古代印刷方法，是中国古代劳动人民智慧的结晶。老师将为大家讲解活字印刷术的历史，并指导大家完成活字印刷作品。

"我的动物朋友"研学实践活动

留言墙

渝中区 NO.14 第十四站

重庆市少年宫

重庆市青少年创新思维大赛成果展示

青少年核心素养融合实验课程

TIPS

地理位置：重庆市渝中区中山二路134号（毗邻重庆医科大学附属儿童医院渝中院区）
官方微信公众号：重庆校外教育
官方微博：重庆市少年宫
开放方式：免费开放
开放时间：每周五至周二，9:00—17:00
联系方式：96988，023-63865705

重庆市少年宫位于重庆市渝中区中山二路134号，于1955年6月1日建宫，是共青团重庆市委直属的公益二类事业单位，旗下汇聚了近400人规模的校外教育专业团队。重庆市少年宫坚持以"立德树人、实践育人"为办宫宗旨，聚焦新时代青少年核心素养教育，全年为200万余名青少年儿童及关联群体提供校外成长教育综合服务，成为联合国教科文组织"全球青少年媒介素养与跨文化对话协同教席"、中国少先队工作学会实践科研基地、中国青少年宫协会副会长单位，被命名为"重庆市爱国主义教育基地""重庆市科普基地""重庆市中小学生社会实践基地"，多次荣获"全国先进青少年宫"等荣誉称号。

博物馆里的宝贝

钢琴

复原陈列——琴房

复原陈列里珍藏着一件重要文物，即为宋庆龄曾使用过的钢琴。这架钢琴原是她大姐宋霭龄家的，宋庆龄第一次来渝暂住上清寺"范庄"时使用过，现为该馆实物收藏，以全息成像技术再现宋庆龄当年弹琴的情景。宋庆龄先生作为20世纪的伟大女性，一生喜欢音乐，与钢琴有不解之缘。她长期接受西式教育，热爱钢琴，1941年到1945年在重庆期间使用过这台英国产布洛德·伍德牌立式钢琴。

打卡任务

与宋庆龄汉白玉雕塑坐像合影留念。

你知道吗？

1942年，保卫中国同盟（简称"保盟"）总部从香港迁至重庆，此处成为"保盟"所在地和宋庆龄在重庆的寓所。"保盟"在宋庆龄的领导下，继续在国际间架起援助中国抗战的桥梁，为中国人民抗日战争和世界反法西斯战争的胜利做出了不可磨灭的贡献。1945年重庆谈判期间，毛泽东曾两次莅临此处拜访宋庆龄及参加保卫中国同盟的招待晚宴。

达人攻略

"时代小先生"研学课程

"时代小先生"课程内容结合宋庆龄旧居的历史文物资料，开展包括历史沿革、史实故事、语言艺术、非遗文化体验、泥塑手工、体能拓展等课程，对学员进行历史知识、语言表达、演讲技巧、形体仪态等方面的基础训练和德育美育劳育等方面的实践体验，课程由资深文博专家、相关专业老师授课，讲解员实行一对一指导。每逢周末或节假日，这些"时代小先生"还会来馆为观众提供公益性讲解服务。

文献纪录片《宋庆龄》

六集历史人物文献纪录片《宋庆龄》是一部以历史史实为基础，记录她人生轨迹的作品。该片以生动的记载和珍贵的回忆，讲述这位20世纪伟大女性的家国情怀。观众可通过观影对伟人宋庆龄有更深入全面的了解和认识。

临时展览

重庆宋庆龄旧居长期与国际国内各名人故居、纪念地、博物馆有良好的交流与合作，平均每年引进3至5场临时展览。观众除参观基本陈列展览之外，可更广泛观看到其他文博单位的精品展览。

留言墙

渝中区 NO.13 第十三站 宋庆龄旧居陈列馆

复原陈列——会客室

复原陈列——宋庆龄办公室

保卫中国同盟总部旧址（重庆宋庆龄旧居纪念馆），位于重庆市渝中区两路口新村5号。1992年，重庆市人民政府将该建筑定为重庆市级文物保护单位。1993年1月，重庆宋庆龄旧居陈列馆成立，内设宋庆龄与保卫中国同盟文物资料陈列展览、复原陈列、防空洞、放映室和社会教育互动室。现为全国重点文物保护单位，国家级抗战纪念设施、遗址单位，中国福利会会史教育基地，中国宋庆龄基金会"时代小先生计划"示范基地，重庆市爱国主义教育基地，海峡两岸交流基地，重庆市研学旅行示范基地。

TIPS

地理位置：重庆市渝中区两路口新村5号

官方微信公众号&官方微博：重庆中国三峡博物馆（重庆博物馆）

开放方式：售票，门票2元

开放时间：周二至周日 9:00—17:00，16:30停止入场。周一闭馆，法定节假日正常开放。

咨询电话：023-63890276，023-63894317

投诉电话：023-63609997

国立复旦大学重庆旧址

卢作孚纪念馆

中共中央西南局缙云山办公地旧址

重庆自然博物馆

重庆市档案馆

中华职业学校旧址暨于学忠将军故居

张自忠烈士陵园

重庆川剧艺术中心

西南大学校史馆

王朴烈士陵园

重庆长安汽车股份有限公司

重庆市廉政教育基地

重庆抗战遗址博物馆

中心城区爱国主义教育基地

- 重庆郭沫若旧居
- 重庆冯玉祥纪念馆
- 重庆"三·三一"惨案死难志士群葬墓地
- 宋庆龄旧居陈列馆
- 重庆抗战戏剧博物馆
- 重庆图书馆
- 重庆张治中纪念馆
- 中冶赛迪集团公司陈列室
- 刘伯承六店旧居
- 重庆育才中学陶行知纪念馆
- 重庆市少年宫
- 重庆大轰炸遗址
- 中共四川省临委会扩大会议会址
- 《挺进报》旧址
- 重庆建川博物馆
- 重庆工业博物馆
- 中华美德公园
- 南泉烈士陵园

博物馆里的宝贝

《国旗图案参考资料》

《国旗图案参考资料》，国家一级文物，长26厘米，宽18.7厘米，1949年9月由中国人民政治协商会议筹备会编印，共计42页，是当年遴选国旗图案的重要见证物。

1949年6月，新政治协商会议筹备会在北平正式成立，国旗的设计成为筹备建立新中国的重大议题事项。从7月15日起，经毛泽东、周恩来修改审定的《新政治协商会议筹备会为征求国旗国徽图案及国歌词谱启事》，分别在《人民日报》《新民报》等各大报纸连续刊登，香港及海外华侨报纸也纷纷转载，在全国人民和海外华侨中引起热烈反响。这本小册子的保存者是周建人，他以中国民主促进会代表身份参加了中国人民政治协商会议第一届全体会议。

你知道吗？

特园在中国统一战线历史上具有重要地位。1939年1月，中共中央南方局在重庆成立后，特园成为南方局开展统战工作的重要场所。1941年3月19日，中国民主政团同盟成立大会在特园秘密召开。1945年10月28日，三民主义同志联合会在特园正式成立。1945年重庆谈判期间，毛泽东三顾特园，与民主人士共商国是，为中国共产党统一战线工作树立了光辉典范。

打卡任务

找到特园旧址，并与之合影。

留言墙

达人攻略

特园·康庄

特园建筑群中保留至今最完整的一处建筑是特园·康庄，由两栋中西合璧的别墅组成，砖木结构，占地2010平方米，主体建筑面积1543平方米。抗战时期，特园是中共中央南方局贯彻抗日民族统一战线政策的历史见证地，是中国共产党和各民主党派团结合作的历史见证地，被董必武誉为"民主之家"。1945年重庆谈判期间，毛泽东三顾特园访张澜，留下千秋佳话。

《1945·毛泽东在重庆》大型群雕

陈列馆序厅的《1945·毛泽东在重庆》大型群雕，生动地再现了重庆谈判期间，毛泽东与各界民主人士广泛接触、共商国是的场景。为进一步团结中间势力，推动和谈，毛泽东多次拜访或会见各界民主人士达100多人，向大家介绍和谈情况，争取和平、民主、团结的光明前景，赢得各民主党派、社会贤达和国民党进步人士的广泛支持，在中国共产党统一战线史上写下了光辉的篇章。

研学课程

进行馆校共建，举办"统战文化小小讲解员培训班"；开办"政治课堂"，让大中小学生走进陈列馆参观学习；策划开设"五星红旗伴我成长""舞台上的抗战"等专题课程，激发广大青少年学生的爱国热情。

NO.12·重庆特园民主党派历史陈列馆

重庆特园民主党派历史陈列馆

NO. 12 第十二站

特园·康庄

《1945·毛泽东在重庆》大型群雕

重庆特园民主党派历史陈列馆序厅

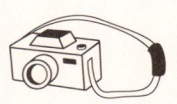

TIPS

地理位置： 重庆市渝中区上清寺嘉陵桥东村35号（上清寺转盘西北侧）

开放方式： 免费开放

开放时间： 周一闭馆（国家法定节假日除外），周二至周日开放时间为9:00—17:00（16:30停止入馆）

联系方式： 023-63621155，023-63608077

　　特园，是著名爱国民主人士鲜英于20世纪30年代修建的公馆，因鲜英字特生，故命名为"特园"。

　　2008年5月，经中共中央统战部批准，重庆市委市政府依特园康庄旧居遗址建立重庆特园民主党派历史陈列馆。2011年3月，扩建后的重庆特园民主党派历史陈列馆正式对外开放。该馆由12个展区组成，建筑面积12000余平方米。它是全国唯一一个全面反映中国共产党领导的多党合作和政治协商制度发展光辉历程、中国民主党派光荣历史的国家一级博物馆，担负着开展传统教育、传承红色基因、弘扬统战文化、服务统战大局的任务。

博物馆里的宝贝

中国人民解放军第二野战军新区借粮证

1949年11月6日，刘邓大军先头部队到达洪安时，解放军亲民爱民、纪律严明的良好形象获得了老百姓的信任。得知部队物资匮乏后，老百姓自发地把藏在地窖中、山洞里的"保命粮"拿出来捐给他们。据统计，仅当晚捐献的"保命粮"就有一万斤。刘邓首长知晓老百姓的义举后非常感动，同时要求部队把群众捐献的粮食作好登记，并将"中国人民解放军第二野战军新区借粮证"派送到自愿捐粮的百姓家中，让他们以后可以凭证再换回粮食。

许多老百姓深受感动，解放后并没有去换粮食，而是把一张张借粮证保存到了今天。这一张张小小的"借粮证"，真实地反映了我党"三大纪律、八项注意"的铁规，传递着共产党人务实、为民、清廉的本色，还见证了秀山土家儿女与刘邓大军军民鱼水般的浓厚感情。

大西南战略态势图

达人攻略

娘娘船

1949年11月6日下午5时，沿川湘公路入川的解放军先头部队攻占洪安。因连接秀山洪安和花垣茶峒的唯一大桥——洪茶大桥被敌人烧毁，解放军在两岸百姓的帮助下，用8只"娘娘船"（可拖带小船的大船）装成两艘简易渡船，载送二野三兵团三十六师一零六团过河，后架设浮桥，使解放军胜利进入川东南第一镇——洪安，也使后续部队及辎重源源不断向大西南挺进。

刘邓大军进军大西南作战态势图

中华人民共和国成立后，战事并未结束，国民党还有上百万军队在西南、华南等地负隅顽抗。为了全面、彻底、干净地消灭反动势力，刘邓大军从东西横跨500公里的地域发起多路攻击，直取湘、黔、滇，造成对四川的夹击之势，一下子打乱了蒋介石的整个西南防御部署。洪安作为刘邓大军入川的第一站，这里成为大军的临时作战指挥中心，刘邓首长一路上部署了解放重庆、成都的战斗和整个大西南的战役。

研学课程

开展爱国情感教育活动和革命传统主题教育活动。组织"花灯名嘴""红岩精神宣讲队"开展红色革命故事宣讲，引导广大干部群众、师生学习刘邓大军等革命先辈在秀山艰苦战斗的英雄事迹，接受革命传统教育。

打卡任务

根据刘邓大军进军大西南纪念馆小船的模型和西南服务团陈列室里面刘邓大军架设浮桥的照片去找渡江亭的位置，并拍照打卡。

留言墙

NO.11·刘邓大军挺进大西南司令部旧址

刘邓大军挺进大西南司令部旧址

NO. 11 第十一站

刘邓大军进军大西南

"二野"司令部驻地旧址即复兴银行内部全景图

TIPS

地理位置：重庆市秀山土家族苗族自治县洪安镇老街洪茶渡口附近

开放方式：免费开放

开放时间：周一至周日上午 9:00 至下午 5:00

联系方式：023-85059908

刘邓大军挺进大西南司令部旧址由"二野"（中国人民解放军第二野战军）司令部驻地旧址与进军大西南纪念馆组成。

"二野"司令部驻地旧址，即复兴银行，位于秀山县洪安镇边城居委会洪安老街 8 号，房屋坐南朝北，为四合院布局，砖木结构楼房；刘邓大军进军大西南纪念馆是一座标准的一楼一底木式古建筑，占地 1913 平方米，内部共有四合院 2 个。庭院上方的木楼由主楼和辅楼组成，主楼是西南服务团陈列室，右侧辅楼原是中共秀山县委党史陈列室，两栋楼里分别保存着中共秀山特支（地下党）和留守秀山的西南服务团生活、工作的图片资料和文字介绍。

刘邓大军挺进大西南司令部旧址于 2009 年被命名为重庆市爱国主义教育示范基地，2012 年被命名为重庆市廉政教育基地，2015 年被命名为重庆市国防教育基地。2021 年 6 月被中宣部命名为全国爱国主义教育基地。

博物馆里的宝贝

脱胎黑漆花瓶

达人攻略

雕塑及展示墙

雕塑以红色为基调，造型取自夔门，四周伫立有移民、移民干部、对口支援者和工程建设者的形象。飞翔的候鸟群寓意百万移民的迁徙，同时象征美好的希望和民族的腾飞。背景墙上展示的是"顾全大局的爱国精神、舍己为公的奉献精神、艰苦创业的拼搏精神、万众一心的协作精神和开拓开放的创新精神"等精神。

三峡大坝模型展示

三峡大坝模型由中国长江三峡集团公司捐赠，模型展示了三峡水利枢纽工程由三峡水电站、拦江大坝以及通航建筑物组成。坝体中间为泄洪坝，其左右两侧分别为左岸电站和右岸电站，左岸电站左侧为通航建筑物：双线五级梯级船闸和垂直升船机。

研学课程

重庆三峡移民纪念馆被教育部确定为首批全国中小学生研学实践教育基地，针对研学情况优化了展览讲解词，力求知识性、趣味性、实践性相结合，以适合研学中不同年龄阶段的学生。研学课程主要是室内观展和开展讲座相结合，了解家乡历史文化，从而激发学生热爱祖国、热爱家乡的情怀。

福州脱胎漆器始创于清乾隆年间，它质地坚固轻巧，造型别致，色彩明丽和谐，是中国国家地理标志产品，和北京景泰蓝、江西景德镇瓷器同列中国工艺"三宝"。1999年11月，时任中共福建省委副书记、代省长的习近平同志，率福建省经贸代表团一行到万州区开展对口支援工作时，赠送脱胎黑漆花瓶给万州人民，大的一对牡丹锦鸡纹饰花瓶赠送给中共万州区委、万州区政府，寓意福建和万州的对口支援工作前程似锦；小的一对松鹤纹饰花瓶赠送给对口支援的天城区管委会，寓意福建人民和万州人民的友谊长长久久。

打卡任务

在《伟大壮举 辉煌历程》展览中寻找有关黄桷树的展品，并留影打卡。

你知道吗？

重庆三峡移民纪念馆主题展览通过多种方式全景展示三峡工程的由来、百万移民搬迁的辉煌壮举、库区工矿企业的搬迁与结构调整、城镇的迁建、专业设施的复建、文物和生态环境的保护以及三峡工程兴建后库区在生态环境保护、新城镇建设、人民生活质量提高等方面发生的巨大变化。

重庆三峡移民纪念馆全景图

留言墙

NO.10·重庆三峡移民纪念馆

第十站·重庆三峡移民纪念馆

NO.10 第十站

重庆三峡移民纪念馆

"三峡明天会更好"青铜雕塑

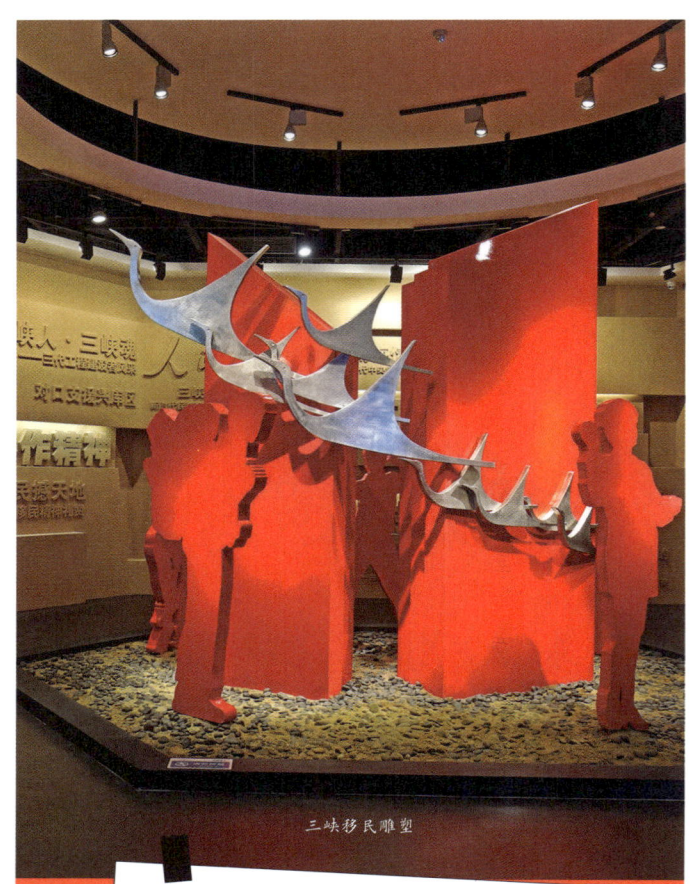

三峡移民雕塑

1999年11月，时任福建省委副书记、代省长习近平代表省委、省政府赠予的花瓶

TIPS

地理位置：重庆市万州区江南新区南滨大道1469号
微信公众号&官方微博：重庆三峡移民纪念馆
开放方式：免费开放。
开放时间：周二至周日 9:00—17:00
（16:30 观众停止进场），如遇节日，周一开放。
联系方式：023-61018880，023-61018860

重庆三峡移民纪念馆是全国唯一为纪念三峡工程百万大移民而修建的专题性纪念馆，也是三峡库区重要的历史文化和移民文化收藏、保护研究和展示中心。纪念馆建筑面积15062平方米，展区面积7000平方米，馆藏文物27205件（套），年均接待观众逾50万人次。现为国家一级博物馆、国家AAAA级景区、全国首批中小学生研学实践教育基地、全国爱国主义教育示范基地、全国首批红色基因库建设试点单位。

博物馆里的宝贝

库里申科来到中国后给家里人写的信

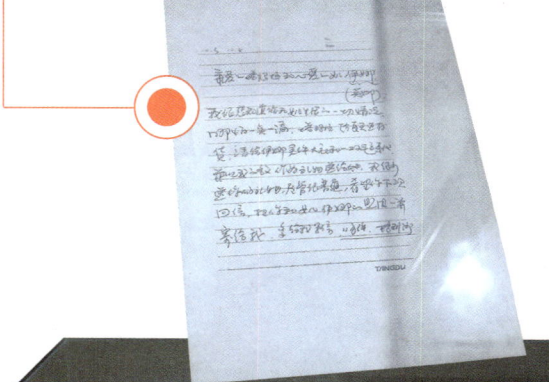

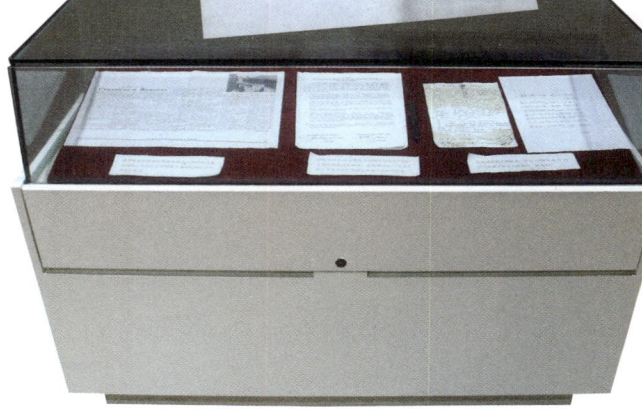

亲爱的塔玛拉和心爱的女儿伊娜（英娜）：

我很想知道你和女儿生活的一切情况，哪怕一点一滴。塔玛拉，趁夏天还有货，请给伊娜买件大衣和一双毡靴，并以我的名义，作为礼物送给她。我很少送你们礼物，尽管很普通，希望你下次回信，把你和女儿伊娜的照片一并寄给我。多给我写信吧，吻你，格利沙。

打卡任务

找到陈列馆中年龄最小的烈士，并拍照留影。

达人攻略

大型英烈群雕

以高浮雕的造型、长卷的叙事方式真实地再现了下川东如火如荼的战斗场景和英烈前仆后继、英勇不屈的形象，艺术地呈现了一曲令人荡气回肠的革命史诗绝唱。整个浮雕以"21烈士""下川东游击队代表人物形象""万州人民战争""万州解放"等为主要画面，将"太白岩、黄桷树、三峡石、万州解放日'12·8'"等融汇其中，画面中的浪花好似奔流不息的长江，并象征了浩荡流淌的历史长河必将永远铭记英烈的壮志与牺牲。

烈士英名墙

长100米、高4米，上面镌刻原万州地区九县一市5000多名烈士的姓名。万州是一块具有光荣革命传统的热土。从大革命时期开始，为了新中国的建立和建设，5000多万州英雄儿女献出了他们宝贵的生命，他们的光辉业绩，既是万州革命历史的佐证，也是烈士给我们留下的最宝贵的精神财富。

研学课程

万州革命烈士陵园管理中心根据青少年特点，着力打造"点燃理想之光"青少年研学课程，传承红色基因，讲好万州故事，教育引导广大青少年努力成长为能够担当民族复兴大任的时代新人。感兴趣的同学可以前往参观咨询哦！

留言墙

大型英烈壁雕（以长卷的叙述方式，高浮雕的造型，生动地展现了下川东如火如荼的战斗场景）

NO.09·重庆市万州革命烈士陵园

第九站·重庆市万州革命烈士陵园

NO.09 第九站

重庆市万州革命烈士陵园

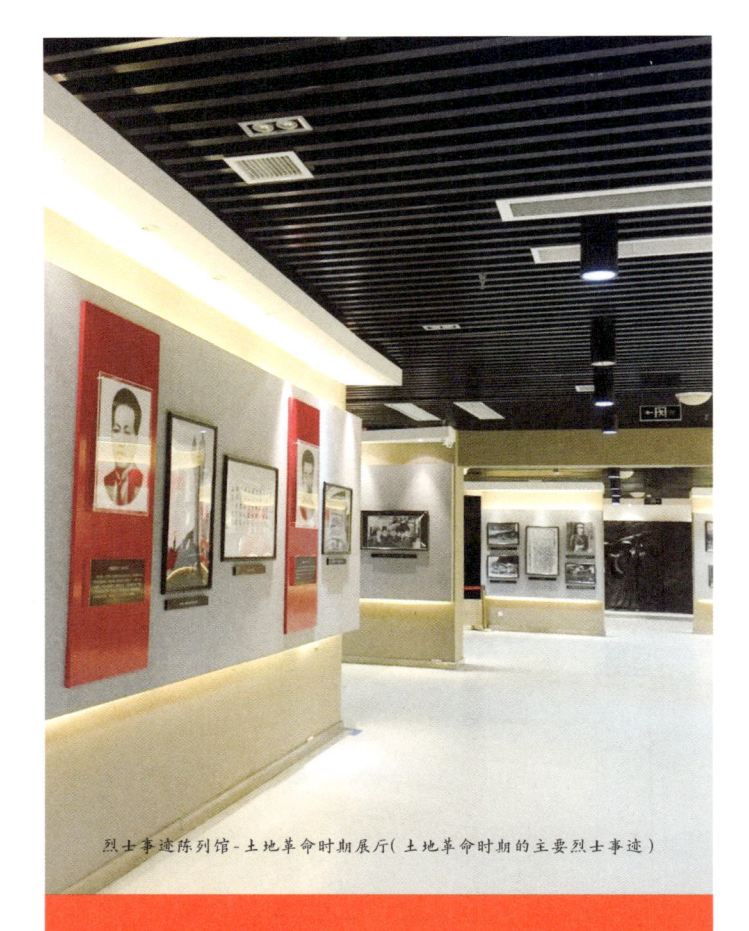

烈士事迹陈列馆-土地革命时期展厅（土地革命时期的主要烈士事迹）

万州革命烈士陈列馆大楼

重庆市万州革命烈士陵园位于重庆市万州主城区风景秀丽的太白岩下，1994年，经原四川省万县市人民政府批准，将三峡库区淹没线下近千个烈士纪念标志，统一迁建，建成万州革命烈士陵园，烈士陵园占地43亩，园区由纪念碑、烈士事迹陈列馆、烈士墓、英名墙、纪念广场、停车场、纪念亭、大型壁雕、柱雕等组成，2002年7月1日正式对外开放。

烈士事迹陈列馆大楼高26米，分三层，面积3500平方米，馆内除序厅外，设有4个陈列厅，共展出珍贵的烈士图片、烈士遗物和历史史料千余件，全面真实地展示了万州各个革命时期所发生的重大历史事件和5000多革命英烈的光辉业绩。第一展厅——展示大革命、土地革命时期主要烈士事迹；第二展厅——展示抗日战争时期主要烈士事迹；第三展厅——展示解放战争时期主要烈士事迹；第四展厅——展示新中国成立后，在抗美援朝、对越自卫反击战等战争及维护世界和平中光荣牺牲的3700多名烈士的英雄事迹。

TIPS

地理位置：重庆市万州区太白街道红光村7社

开放方式：免费开放，免费讲解，但须提前电话预约

开放时间：全天开放（上午9:30—11:30；下午14:30—16:30）

联系方式：023-58204331

博物馆里的宝贝

《杨闇公日记》

杨闇公同志旧居展出的《杨闇公日记》是本馆最具代表性的藏品，三本原件存放于重庆中国三峡博物馆，被评为国家一级文物。日记约450则，18万余字，从1924年1月1日至1926年1月25日，时间跨度三年。日记中，杨闇公不仅详细记述了他的所见所闻所感，还叙述了他对某些重大问题的看法，内容翔实生动，记录了杨闇公从热血青年成长为共产主义战士的光辉历程。日记承载着一个改变时代的历史重要节点，是研究当年川渝地区革命斗争史的珍贵文献资料。尽管时光已经流逝了90多个年头，日记字里行间所展现出来的奋斗精神，在今天仍然熠熠生辉，它向世人讲述着那段不可忘却的记忆，承载着生生不息的民族斗争精神。

打卡任务

寻找杨闇公同志旧居——邮政局大院中地下党联络剪影，并在那里留影打卡。

邮政局大院内地下党接头场景剪影

达人攻略

杨闇公同志旧居——橙子树

橙子树是1913年杨闇公外出求学时，和五弟——第四任国家主席杨尚昆一起亲手栽种的。兄弟俩栽树留念，借树铭志，闇公希望尚昆能如橙子树一样茁壮成长，成为国之栋梁。一百多年过去，橙子树依然枝繁叶茂、硕果累累，它寄托了家乡人民对先辈的深切怀念，代表着革命精神的传承。

杨闇公同志旧居——红色祭文

1927年4月11日，在杨闇公的遗体装殓入棺后，父亲杨淮清回到家中悲痛欲绝，彻夜难眠，写下一篇绝世祭文。这封祭文虽不足两百字，却行行感人肺腑，字字催人泪下。文中既透露出淮清老人对儿子的深切怀念，也体现了杨闇公无怨无悔、视死如归的革命精神。

杨闇公烈士陵园——浮雕墙

浮雕墙为纯铜打造，长12米，高4米，由大连理工大学温洋教授主创设计，整体呈现的是1927年杨闇公在重庆浮图关英勇就义前的光辉形象。浮雕墙上狰狞的岩石，代表着烈士在革命道路上的艰难困苦；奔涌的长江之水，象征了烈士的革命精神将生生不息。

研学课程

这里开设精品研学课程，将红色文化教育融入微型课堂，弘扬爱国主义主旋律，激发青少年奋发图强的报国之志。同时，推出"常青树下忆先辈""日记本里的家国情怀"等互动教学，分享红色故事，寻访红色景点，深入学习党史故事、党史人物及蕴含的革命精神，培养爱国情怀。

留言墙

NO.08 · 杨闇公旧居和陵园

第八站·杨闇公旧居和陵园

NO.08 第八站 杨闇公旧居和陵园

杨闇公烈士塑像

杨闇公同志旧居——橙子树

杨闇公（1898—1927），名尚述，字闇公，四川省潼南县双江镇（今重庆市潼南区双江镇）。中国共产主义运动先驱，中国共产党早期军事工作优秀领导人之一，四川党团组织主要创建者和大革命运动的主要领导人。

杨闇公同志旧居始建于清道光二十八年（1848），是典型的南方穿斗悬山顶民居建筑。1992年正式对外开放，由江泽民同志题写馆名。2011年进行修复及重新布展，包括源泰和大院、邮政局大院和永绥祠，占地面积约6000平方米，主要展出"杨闇公烈士生平事迹展""杨家生活复原展""民主革命时期中共潼南党史陈列"三个部分，现为全国爱国主义教育示范基地、国家国防教育示范基地、国家AAAA旅游景区、全国红色旅游经典景区、国家二级博物馆、重庆市干部教育培训现场教学基地。

杨闇公烈士陵园初建于1986年，由邓小平同志题写园名，朱德元帅题写墓碑铭。2010年，陵园经过改扩建，占地面积50余亩，由陵道、浮雕墙、展廊、塑像、烈士及夫人墓茔、森林公园和潼南籍烈士墓群组成，现为全国重点烈士纪念建筑物保护单位、全国爱国主义教育示范基地、国家国防教育示范基地、全国红色旅游经典景区、重庆市干部教育培训现场教学基地。

TIPS

地理位置：杨闇公同志旧居位于重庆市潼南区双江镇正街，杨闇公烈士陵园位于重庆市潼南区大佛街道石院街

官方网站：杨尚昆故里景区 http://www.yskgl.com/

官方微信公众号：尚昆故里

开放方式：免费开放

开放时间：9:00—17:00（全年不休）

联系方式：023-44860569（预约）
023-44862666（值班）

博物馆里的宝贝

乌杨阙

乌杨阙发现于重庆市忠县乌杨镇，2001年，在三峡文物保护抢救工作中发掘出土，是我国目前幸存的、绝大多数为全国重点文物保护单位的30余处汉阙中，唯一通过考古发掘复原，并发现了相关的阙址、神道、墓葬的阙。乌杨阙今陈列于重庆中国三峡博物馆中庭，也是所有汉阙中第一个作为博物馆馆藏文物的汉阙。

阙身雕刻丰富。其仿木构建筑雕刻对于无一幸存的汉代木构建筑的研究具有重要价值；狩猎图、习武图、送行图等，生动地再现了当时的生活场景；长达两米多的青龙、白虎雕刻，造型生动，展现了汉代雕刻艺术神韵。

打卡任务

在展区寻找博物馆十大镇馆之宝展品：乌杨汉阙、"巫山人"左侧下颌骨化石、鸟形尊、偏将军印章、唐寅临《韩熙载夜宴图卷》、三羊尊、何朝宗制观音像、江竹筠烈士遗书、虎钮錞于、景云碑等，与之合影。

达人攻略

《长江三峡水利枢纽工程沙盘模型演示》

通过运用数字化多媒体、多通道投影、3D打印等先进技术，采用渲染手段、流水和光效，演示了三峡水利枢纽工程概况、主体结构、功能效益，尤其是防洪、发电、通航等方面的巨大效益，深层次地对三峡工程进行了展示。

重庆大轰炸半景画

重庆大轰炸半景画演示时长约15分钟。半景画是一幅以抗战时期枇杷山为制高点俯视渝中半岛的油画，下方设置了重庆受轰炸时的场景。整个半景画演示通过画外高清投影和声效制作，围绕1939年"五三""五四"大轰炸，1940年"八一九""八二零"大轰炸，1941年"疲劳轰炸"，展现了日军对重庆采取的血腥空中屠杀，以及重庆人民在这一过程中英勇的反轰炸斗争。

研学课程

重庆中国三峡博物馆围绕馆藏资源、重要展览、重点展品以"巴渝学堂"为品牌开展研学活动，开发了历史文化类、艺术类、"我们的节日"（含非遗）三大系列60余门课程，突出"从文物出发、跨学科设计、多感官体验"三大特点，以展览导赏、知识导入、互动体验等方式开展研学活动，多元化、全方位培养青少年核心素养，让广大青少年在沉浸式体验中感知重庆历史文化，热爱家乡，增强文化自信。快快前去体验吧！

留言墙

NO.07·重庆中国三峡博物馆

重庆中国三峡博物馆

NO. 07 第七站

壮丽三峡展厅

重庆中国三峡博物馆外景

重庆中国三峡博物馆（重庆博物馆）是一座集"巴渝文化、三峡文化、大后方抗战文化、移民文化、统战文化"的收藏、保护、研究、展示、传播为一体的综合性省级博物馆。历经70年发展，本馆现有藏品11.5万件/套（27.9万单件），涵盖35个文物门类，逐步形成了"古人类标本、三峡文物、巴渝青铜器、汉代文物、西南民族文物、大后方抗战文物、瓷器、书画、古琴"等特色藏品系列。

重庆中国三峡博物馆现为首批国家一级博物馆、中央地方共建国家级博物馆、全国爱国主义教育示范基地、全国科普教育基地、全国青少年教育基地、全国古籍重点保护单位、国家4A级旅游景区、全国中小学研学实践教育基地、全国首批公共文化设施学雷锋志愿服务示范单位、国家文化和科技融合示范基地和全国最具创新力博物馆。

TIPS

地理位置：重庆市渝中区人民路236号
官方公众微信号：重庆中国三峡博物馆（重庆博物馆）
官方网址：www.3gmuseum.cn
开放方式：免费开放
开放时间：周二至周日 9:00—17:00
（16:30 停止入馆），
周一闭馆（法定节假日除外）
联系方式：023-63679066，023-63679067

明唐寅临韩熙载夜宴图卷

博物馆里的宝贝
20世纪20年代赵世炎用过的藤箱

赵世炎烈士陈列馆展柜里面陈列着一件意义非凡的文物——20世纪20年代赵世炎用过的藤箱。藤箱长82厘米，宽48厘米，为国家三级文物，是赵世炎烈士为数不多的遗物之一，也是其留法勤工俭学和革命生涯的重要见证。

1920年5月至1923年3月，赵世炎赴法勤工俭学，此后又到苏联学习一年半。在此期间，这只藤箱一直陪伴他左右。留学期间，他在斗争中锻炼了自己，找到了马克思列宁主义，成为一名坚强的共产主义战士，并且与其他同志一起创立了旅欧共产主义早期组织。这一段历史，在他一生中占有重要地位。这件极为普通的藤箱，一直陪伴在他身旁，见证他的成长与进步。

达人攻略

赵世炎烈士故居

原名赵家庄屋，故居至今已有近120年历史，为木质结构四合院，占地总面积1605平方米，建筑面积为710平方米。1982年11月，邓小平题"赵世炎同志故居"七字，制成鎏金匾额，悬于"故居"大门之上。

研学课程

你不仅可以参观赵世炎烈士故居，了解文物背后的故事，缅怀赵世炎烈士的丰功伟绩，还能参与红色教育课堂，以及"学英烈，讲英烈"讲解员活动、"学英烈、画英烈"美术传承活动、"我想对赵世炎烈士说"写稿等研学拓展课程。感兴趣的同学，可以前往故居参观哦！

打卡任务

前往赵世炎烈士故居，在**32间房屋**中找到赵世炎烈士卧室。（线索提示：参观赵世炎烈士故居，找到赵世炎烈士全家福，了解赵世炎烈士家庭背景。）

你知道吗？

赵世炎毕生追求真理、追求进步，他早年投身五四运动，经受了革命的考验和洗礼。在革命斗争实践中，他确立了马克思主义信仰，与周恩来等创建了中国共产党旅欧组织，成为中国共产党组织的创建者之一。在担任中共北方地区负责人期间，他在李大钊的领导下，广泛传播马克思主义理论，参与组织领导一系列反帝反北洋军阀的斗争，为促进第一次国共合作、加强北方党组织建设、推动工人运动的发展做出了重要贡献。他与周恩来等人一起先后组织和领导了举世闻名的上海工人第三次武装起义，在工人运动史上写下了光辉的一页。"四·一二"反革命政变后，他在血雨腥风的上海坚持斗争，不幸被捕后，大义凛然，视死如归，慷慨就义于上海枫林桥畔，时年26岁。

留言墙

赵世炎烈士陈列馆

NO.06 第六站 赵世炎烈士纪念馆

赵世炎烈士塑像

赵世炎烈士故居大门

TIPS

地理位置： 重庆市酉阳土家族苗族自治县龙潭镇赵庄路219号

开放方式： 免费开放，可网上预约参观：打开支付宝搜索"赵世炎烈士纪念馆"进入预约系统，进行个人或团队预约

开放时间： 全年无休（每天9：00—16：30）周一闭馆（国家法定节假日除外）

联系方式： 023-75312067

赵世炎（1901—1927），四川酉阳（重庆市酉阳龙潭）人，中国共产党早期杰出的无产阶级革命家、中国共产主义运动的先驱、卓越的马克思主义理论传播者、中国共产党组织的创建者之一、著名的工人运动领袖。

赵世炎烈士故居位于重庆市酉阳土家族苗族自治县龙潭镇，1983年酉阳土家族苗族自治县成立时，赵世炎烈士故居修复对外开放，先后经历1990年、2001年和2010年三次改扩建和修复，现占地面积11800平方米，建筑面积2970平方米。其中赵世炎烈士故居大门悬挂有邓小平同志亲笔题写的"赵世炎同志故居"门匾。赵世炎烈士故居是全国爱国主义教育示范基地、全国社会科学普及基地、全国重点文物保护单位、全国100个红色旅游经典景区之一。

博物馆里的宝贝

原子弹触发管

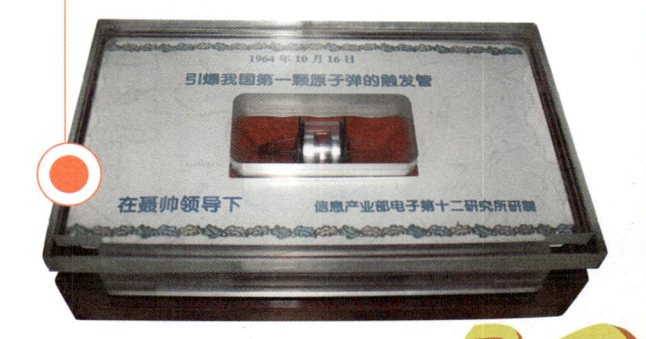

聂荣臻元帅陈列馆珍藏着一枚中国第一颗原子弹的备用触发管。触发管作为原子弹引爆装置的关键部位，一共两枚，一枚随着第一颗原子弹成功爆炸，化作烟云，而备用的这枚则被保留了下来。

为了缅怀新中国科技主帅聂荣臻，信息产业部电子第十二研究所把它送给了聂帅女儿聂力将军。1999年11月，在聂帅纪念馆开馆之际，聂力将军将这一枚极为珍贵的触发管捐赠聂帅纪念馆珍藏展出。它见证了我国第一颗原子弹爆炸那惊心动魄的时刻，也见证了聂帅领导科技大军铸就国防科技伟业那艰难而又辉煌的历程！

你知道吗？

聂荣臻，四川省江津县吴滩场（今重庆市江津区吴滩镇）人。他是久经考验的无产阶级革命家、军事家，中国人民解放军的创建人之一，中华人民共和国元帅。聂荣臻同志具有坚定的共产主义信念和坚强的党性原则，对党对人民无限忠诚；具有非凡的革命胆略和军事才能，是我军优秀的军事指挥家和政治工作领导人；是新中国国防科技事业的卓越领导者。聂荣臻同志一生胸怀坦荡，光明磊落，深受全党、全军和全国各族人民的尊敬和爱戴。

留言墙

展览第三部分"科技主帅"

打卡任务

寻找中国第一颗原子弹触发管，并与之合影。

达人攻略

铜像广场

由中央军委敬塑的聂帅铜像，基座高3.3米，铜像高4米，共7.3米，寓意聂帅73年的革命生涯。广场左右两侧，有两幅汉白玉浮雕，一组反映聂帅创建晋察冀抗日根据地的丰功，另一组展现聂帅领导组织"两弹"攻关的伟绩。

瞻仰大厅

聂荣臻元帅生平事迹展览序厅，正中安放着聂荣臻元帅晚年形象的汉白玉坐像，他宽厚慈祥，凝望河山。坐像前摆放着一级八一勋章、一级独立自由勋章、一级解放勋章。坐像背景是一幅壮丽的水墨画《山高水长》，寓意聂帅的丰功伟绩和崇高风范与山河同在。

研学课程

这里的研学实践课程分为"铮铮誓言，矢志不忘""学习伟人、树立榜样""强军强国，探究国防""宏图大志，少年启航"四个板块。通过参观聂帅生平事迹展览，聆听聂帅故事、国防科普故事，观看新中国国防科技成就专题影片，书写志向等环节，你可以了解新中国国防科技事业发展的艰辛历程。

NO.05·聂荣臻元帅陈列馆

第五站·聂荣臻元帅陈列馆

NO. 05 第五站

聂荣臻元帅陈列馆

展览第二部分"开国元勋"

模拟复原场景"新家园"

聂荣臻元帅陈列馆铜像广场

聂荣臻元帅陈列馆位于重庆市江津城区，由江泽民同志亲笔题写馆名，1999年建成开馆，2008年对外免费开放。馆内展出文物、图片共3000余件（张），展览采用雕塑、油画等艺术形式和声光电技术，生动再现了聂荣臻元帅光辉的一生。馆藏聂荣臻元帅全宗档案46册，藏书12000余册，党和国家领导人题词及社会名家书画近600幅，以及大量珍贵音像、图片、文字资料和丰富的国防科技展品。

聂荣臻元帅陈列馆是全国爱国主义教育示范基地、国家国防教育示范基地、全国科普教育基地、全国社会科学普及教育基地、全国关心下一代党史国史教育基地、全国首批党性教育基地网上展馆、国家二级博物馆、国家AAAA级旅游景区，全国家庭教育创新实践基地、川渝青少年思想政治教育基地。所属聂荣臻故居系全国重点文物保护单位。

TIPS

地理位置：重庆市江津区几江街道鼎山大道386号
官方微信公众号：聂荣臻元帅陈列馆
官方网站：www.nrz.org.cn
开放方式：免费开放。参观者需提前在聂帅馆公众号进行门票预约后方可进入陈列展厅参观
开放时间：周二至周日 9:00—17:00
（16:30停止入馆），
周一（法定节假日除外）及除夕闭馆
联系方式：023-47560944

博物馆里的宝贝

《给刘伯承同志的致敬信》

1982年8月6日，中国共产党第十一届中央委员会第七次全体会议发出《给刘伯承同志的致敬信》，由中国著名书法家启功先生书写。1992年5月，刘伯承元帅夫人汪荣华同志把《致敬信》原件捐赠给刘伯承同志纪念馆筹建办，经专家鉴定为国家一级文物。如今，这封《致敬信》珍藏在刘伯承同志纪念馆内，向往来的游客讲述着共和国元帅刘伯承的光辉事迹。

《致敬信》全文共1025个字，主要有四个方面的内容：一是向因年龄和健康原因不能参加即将召开的党的第十二次全国代表大会，并不再担任党和国家领导职务的刘伯承元帅致敬；二是回顾了刘帅在中国革命和新中国建设进程中的卓越贡献；三是高度总结了刘帅的崇高品德和优良作风；四是向刘帅通报了即将举行的第十二次全国代表大会的消息。

达人攻略

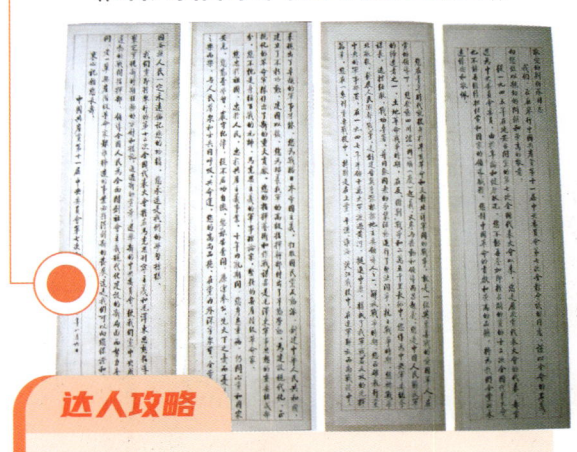

刘帅功勋柱石雕广场

广场位于西部景区。高6.1米、直径1.2米的八大石柱分别记载了刘伯承一生中八大重要事件，分别是浴血丰都、泸顺起义、八一风暴、彝海结盟、巍巍太行、淮海决战、风雨钟山、金陵兵校。石柱无声，功勋永恒。

歼六战斗机是歼击系列第二代产品

纪念馆目前陈列着六件大型退役兵器，分别为歼六战斗机、坦克、装甲车、反坦克炮，还有2架万米射程的大型火炮！

研学课程

这里的研学课程模拟真实历史场景，通过游戏化设计，在功勋柱广场上进行一场"临淮关军演"，生动有趣；学习部队文化，通过对抗游戏——"军衔大PK"，锻炼逻辑思维能力、临场应变和策略能力。学习了刘伯承的革命精神之后，你可以亲手绘制创作一枚"军神之章"献给刘伯承元帅，升华对革命先烈的感激和敬仰之情，更好地理解和践行爱国主义的核心内涵。

打卡任务

请找到由刘伯承元帅亲自命名的大型武器装备，并与之合影。

你知道吗？

刘伯承于辛亥革命时期从军，1926年加入中国共产党，先后参加了北伐战争、八一南昌起义、土地革命战争、长征、抗日战争、解放战争等。新中国成立后，刘伯承辞去要职，主动请缨创办军事学院，为我国建设现代化、正规化的革命军队做出了重大贡献。1955年刘伯承被授予元帅军衔。刘伯承为中华民族和中国人民的解放事业建立了不朽功勋，为我国的国防建设和社会主义建设事业做出了杰出贡献。

留言墙

第四站 · 刘伯承同志纪念馆

NO. 04 第四站

刘伯承同志纪念馆

刘伯承元帅抗日战争时期古铜雕塑像

刘伯承元帅办公室场景

TIPS

地理位置：重庆市开州区汉丰街道盛山社区781号
官方微信公众号：刘伯承同志纪念馆
官方网站：www.kzlbc.cn
开放方式：免费开放，团队参观请提前预约
开放时间：周二至周日 9:00—17:00
（16:30 停止入馆），周一闭馆
联系方式：023-52222914

　　刘伯承（1892—1986），原名刘明昭，字伯承，四川省开县（今重庆市开州区）人。中国人民的伟大战士，中国共产党的优秀党员，中国人民解放军的缔造者之一，伟大的无产阶级革命家、军事家、马克思主义军事理论家，中华人民共和国元帅。

　　刘伯承同志纪念馆是全国爱国主义教育示范基地，1992年12月4日建成并对外开放，后经两次改扩建，纪念馆现占地60亩，由主展馆和东西部景区组成。主展馆分内外两进院落，内院为陈列布展厅，共有展厅6间，以回廊相连，按历史轨迹陈列着大量图片、实物和文献资料，辅以声光电科技手法，生动再现了刘伯承元帅伟大光辉的一生。

博物馆里的宝贝

邱少云的棉衣残片

1952年10月，为拿下上甘岭上易守难攻的制高点"391"高地，邱少云和战友们提前二十多个小时就潜伏在高地前的一片开阔草丛里，准备待到第二天黄昏向敌人发起突然攻击。邱少云所在的班埋伏在了最前面。潜伏中，一枚燃烧弹在邱少云身旁爆炸，引燃了他身上的伪装草，为了战友的安全和战斗的胜利，他严守潜伏纪律，用超强的意志和毅力强忍烈火烧身的剧痛直至壮烈牺牲。战斗结束后，战友们发现，在烈火中牺牲的邱少云唯有胸口处还留有一块巴掌大的棉衣残片，由于邱少云胸口紧紧贴着地面才没有燃烧殆尽，它曾经感受过邱少云最后的心跳。战争结束后，战友将烈士的遗物带回祖国，现陈展在邱少云烈士纪念馆展厅中。

打卡任务

邱少云烈士牺牲时身上剩下的唯一一件物品是什么呢？找到这个问题的答案，并与之合影。

达人攻略

第二展厅：入朝参战，保家卫国

讲述邱少云作为中国人民志愿军的一员，入朝后在朝鲜战场上的英勇表现，以及营救朝鲜小女孩的故事和战前训练的故事等；展出枪支42支（重庆市人民政府、重庆市警备区向总参动员部申请无偿捐赠）。

第三展厅：壮歌一曲，撼天动地

采用声、光、电等高科技进行场景还原，给游客以身临其境的感觉，再现邱少云遵守潜伏纪律、忍受烈火烧身，为集体、为胜利壮烈牺牲的感人故事；同时，展示邱少云主题歌曲和MV《那一片云》。

邱少云烈士纪念碑

纪念碑与邱少云事迹陈列馆一水相隔，坐落在3000平方米广场的后部；全高15米，其中烈士塑像高5米，为青铜塑像；碑名由原国家领导人朱德同志亲笔题写。

你知道吗？

1926年，邱少云出生于四川省铜梁县（今重庆市铜梁区）玉屏村邱家沟一个贫苦农民家庭。1949年12月参加中国人民解放军，1951年3月随部队入朝作战，牺牲时，年仅26岁。为整体、为胜利而自我牺牲的伟大战士邱少云，用最坚忍的潜伏，完成了中国士兵最勇猛的突击，"绝对忠诚、严守纪律、顾全大局、勇于担当"的精神值得代代传承与学习。

留言墙

大足登云部队赠送的歼-6战斗机

NO.03·邱少云烈士纪念馆

邱少云烈士纪念馆

NO.03 第三站

邱少云烈士事迹陈列馆外观全景图

邱少云烈士塑像

邱少云，四川省铜梁县（今重庆市铜梁区）人，抗美援朝战争著名战斗英雄，中国人民志愿军特等功荣立者，获"一级战斗英雄""朝鲜民主主义人民共和国英雄"称号，被授予"金星奖章"及"一级国旗勋章"。

邱少云烈士纪念馆地处重庆市铜梁区少云公园凤山之巅，为纪念伟大的国际主义战士邱少云而修建。纪念馆始建于1959年，1962年10月12日正式对外开放，先后历经6次陈列改造。全馆占地面积16000多平方米，由烈士纪念碑和英雄事迹陈列馆两部分组成。现馆藏国家二、三级文物37件，烈士遗物20余件，废旧枪支43件，珍贵图片资料200余件，金日成等朝鲜领导人送给烈士亲属的礼品10余件，为全国烈士纪念建筑物重点保护单位、全国爱国主义教育示范基地。

TIPS

地理位置： 重庆市铜梁区巴川街道民主路64号
官方微信公众号： 邱少云烈士纪念馆
开放方式： 免费开放
开放时间： 周二至周日上午9:00—12:00，下午2:00—5:00，周一闭馆
联系方式： 023-45632537

博物馆里的宝贝

新华日报馆使用的新华日报印刷机

达人攻略

中共中央南方局暨八路军驻重庆办事处旧址

旧址占地面积501平方米，建筑面积1186平方米，整幢楼房为土木穿斗式结构，是抗战时期中共公开机关八路军驻重庆办事处和秘密机关中共中央南方局办公的驻地。老一辈无产阶级革命家毛泽东、周恩来、董必武、叶剑英等都在此办公住宿过。

红岩革命纪念馆

纪念馆共四层楼，常规展览为《千秋红岩——中共中央南方局历史暨文物陈列》，准确生动地反映了以周恩来为书记的中共中央南方局在抗日战争时期和解放战争初期在以重庆为中心的国民党统治区所进行的伟大革命斗争。

桂园和周公馆

位于重庆最美街道——中山四路。桂园曾是国民政府军事委员会政治部部长张治中的公馆。重庆谈判期间，毛泽东在此办公和休息。1945年10月10日，国共两党在桂园签署了著名的《双十协定》。周公馆即曾家岩50号，曾是中共中央南方局和八路军办事处在城内最重要的活动据点。

研学课程

这里的红岩研学课程开设了"行走红岩""红岩祭英烈"等6大主题系列共20门研学实践活动课程。在一系列真实的体验中，增加了趣味性和互动性，让你建立起对红岩精神的文化认同。

1937年冬，中国共产党在武汉筹备出版机关报《新华日报》，买进了一台装有德国西门子马达的平板印刷机，即本机。同年12月，被用于印刷《群众》周刊。1938年1月《新华日报》在武汉创刊，便承担了《新华日报》的印刷任务。1938年10月因武汉失守，随新华日报社迁至重庆，直至1947年2月28日被国民党查封，印刷机被拖到南岸警官学校封存。重庆解放后，中共重庆市委将其运回市中区，为市委市政府专门印刷文件，后又转交市计划委员会印刷厂，直到1985年7月拨交重庆红岩革命纪念馆，并一直在陈列室中展出。

打卡任务

寻找新华日报印刷机，并与之合影留念。（线索提示：大家可以通过游览展厅找到它哦！）

你知道吗？

"红岩精神"是在抗日战争时期和解放战争时期，在中共中央领导下，以毛泽东、周恩来同志为代表的中国共产党人在国民党政权统治下的重庆，为争取民族独立和人民解放的革命斗争实践中，锤炼、培育和形成的崇高革命精神，充分体现了老一辈无产阶级革命家、共产党人和革命志士的崇高思想境界、坚定理想信念、巨大人格力量和浩然革命正气。《红岩》小说之所以命名为"红岩"，也是因为牺牲在白公馆、渣滓洞的许多烈士都是在南方局的领导和培养之下成长起来的，因此书名选择了南方局所在的地名"红岩"。

1985年10月14日，原南方局领导成员邓颖超同志重返红岩村，写下了"红岩精神永放光芒"8个大字。

留言墙

NO.02 · 重庆红岩革命纪念馆

重庆红岩革命纪念馆

NO. 02 第二站

红岩联线 CHONGQING HONGYAN CENTER CIRCUIT MANAGEMENT

新华日报印刷机

重庆红岩革命纪念馆总占地面积70000余平方米，主要包括中共中央南方局暨八路军驻重庆办事处旧址、曾家岩50号、桂园、红岩革命纪念馆陈列馆等25处革命遗址。毛泽东、周恩来、博古、凯丰、吴克坚、叶剑英、董必武等老一辈无产阶级革命家曾先后在此办公和住宿。红岩革命纪念馆的主要宗旨是研究红岩历史，弘扬红岩精神；主要职责为保护红岩革命历史文化遗址，研究发掘革命历史文化资源，宣传弘扬红岩精神，传播革命历史和科学文化知识。

TIPS

地理位置： 重庆市渝中区红岩村52号

官方微信公众号： 红岩联线

开放方式： 免费开放

开放时间： 每周二至周日（9:00—17:00），周一闭馆（国家法定节假日除外），闭馆前30分钟停止入场

联系方式： 023-63303457

博物馆里的宝贝

杨虎城使用的佩剑

小萝卜头雕塑

杨虎城将军1912年投身于孙中山领导的辛亥革命运动，1917年参加反对北洋军阀的靖国军，1924年加入国民党，拥护孙中山先生的联俄、联共、扶助农工的三大政策，参加北伐，屡建战功。历任陕北国民军前敌总指挥、国民联军第十路军军长、十七路军总指挥、陕西省主席、西安绥靖公署主任、国民党中央监察委员等职。1936年12月12日，联合张学良发动西安事变，逼迫蒋介石抗日，促成了抗日民族统一战线的形成。这柄佩剑，即是杨将军在20世纪30年代所用。

打卡任务

寻找关押小萝卜头的房间。（线索提示：可以在白公馆监狱旧址找到哦。）

留言墙

达人攻略

小萝卜头雕塑

雕塑位于全国爱国主义教育基地——白公馆监狱旧址内。1946年，小萝卜头一家被转移关押进白公馆监狱，在狱中他十分渴望自由，但在重庆解放前夕被特务残忍杀害，是新中国历史上年纪最小的革命烈士。

特殊的"五星红旗"

红岩魂陈列馆陈列着一件特殊的文物——"五星红旗"。新中国成立之后，消息传入白公馆监狱，关押在楼下二室的罗广斌、刘国鋕、王朴、陈然、丁地平五名男同志激动万分，就用一床红色的绣花被面和几张黄草纸制作了一面"五星红旗"。重庆解放后，"绣红旗"的动人历史故事被写进了《红岩》小说。

研学课程

这里开设了红岩研学课程体系，包括"小萝卜头""走近红岩艺术作品"等6大主题系列共20门研学实践活动课程。你可以带着问题去游览，在过程中寻找答案，达到从"游"到"学"、从"学"到"悟"的目的。

NO.01·重庆歌乐山革命烈士陵园

重庆歌乐山革命烈士陵园

NO. 01 第一站

白公馆门口

TIPS

地理位置：重庆市沙坪坝区烈士墓政法三村
官方公众微信号：红岩联线
开放方式：免费开放
开放时间：每周二至周日（9:00—17:00），
　　　　　　周一闭馆（国家法定节假日除外），
　　　　　　闭馆前30分钟停止入场
联系方式：023-65312300

　　重庆歌乐山革命烈士陵园位于重庆市沙坪坝区歌乐山麓，占地面积2.14平方公里，建筑面积32217平方米。主要包括"一一·二七"死难烈士之墓、红岩魂陈列馆、白公馆监狱旧址、渣滓洞监狱旧址等26处文物遗址。

　　这里曾囚禁过爱国将领杨虎城，新四军军长叶挺，著名的共产党人罗世文、车耀先、陈然、江竹筠等。重庆解放前夕的1949年11月27日，国民党军统局在这里制造了惨绝人寰的大屠杀，300多名革命者恨饮枪弹，壮烈捐躯。

　　重庆解放后，人民政府将殉难者遗骸合葬于原"中美合作所"特警班大礼堂废墟上，1954年修建烈士墓园和纪念碑。1984年更名为重庆歌乐山烈士陵园管理处，1986年邓小平题写"重庆歌乐山烈士陵园"；1988年被评为全国重点文物保护单位；1993年增挂"重庆歌乐山革命纪念馆"馆名。

01

- 刘伯承同志纪念馆
- 重庆市万州革命烈士陵园
- 赵世炎烈士纪念馆
- 刘邓大军挺进大西南司令部旧址

全国爱国主义教育示范基地

- 邱少云烈士纪念馆
- 杨闇公旧居和陵园
- 重庆红岩革命纪念馆
- 重庆中国三峡博物馆
- 重庆三峡移民纪念馆
- 重庆歌乐山革命烈士陵园
- 重庆特园民主党派历史陈列馆
- 聂荣臻元帅陈列馆

26 中心城区爱国主义教育基地

渝中区
- 28 宋庆龄旧居陈列馆
- 30 重庆市少年宫
- 32 重庆大轰炸遗址
- 34 重庆抗战戏剧博物馆
- 36 中冶赛迪集团公司陈列室

大渡口区
- 38 重庆工业博物馆
- 40 中华美德公园

江北区
- 41 重庆市廉政教育基地
- 42 重庆长安汽车股份有限公司
- 44 重庆"三·三一"惨案死难志士群葬墓地

沙坪坝区
- 46 重庆郭沫若旧居
- 48 重庆冯玉祥纪念馆
- 50 重庆图书馆
- 51 重庆张治中纪念馆

九龙坡区
- 52 刘伯承六店旧居
- 54 中共四川省临委会扩大会议会址
- 56 重庆建川博物馆
- 58 重庆育才中学陶行知纪念馆

南岸区
- 60 重庆抗战遗址博物馆
- 62 《挺进报》旧址

北碚区
- 64 重庆自然博物馆
- 66 卢作孚纪念馆
- 68 张自忠烈士陵园
- 69 王朴烈士陵园
- 70 国立复旦大学重庆旧址
- 72 西南大学校史馆
- 74 中共中央西南局缙云山办公地旧址

渝北区
- 76 中华职业学校旧址暨于学忠将军故居
- 78 重庆市档案馆

巴南区
- 80 南泉烈士陵园

两江新区
- 82 重庆川剧艺术中心

84 路线推荐　　88 后记

目录 contents

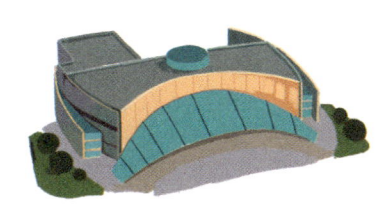

01 全国爱国主义教育示范基地

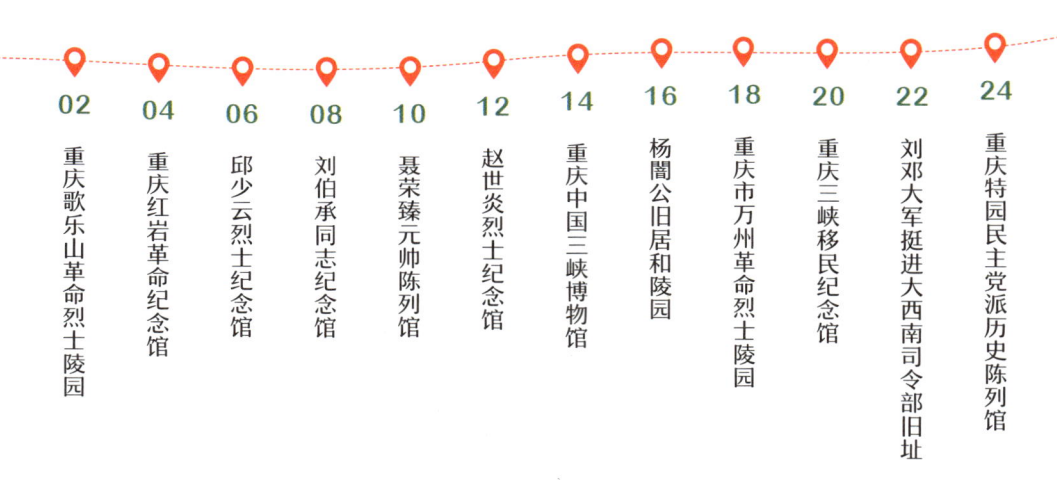

- 02 重庆歌乐山革命烈士陵园
- 04 重庆红岩革命纪念馆
- 06 邱少云烈士纪念馆
- 08 刘伯承同志纪念馆
- 10 聂荣臻元帅陈列馆
- 12 赵世炎烈士纪念馆
- 14 重庆中国三峡博物馆
- 16 杨闇公旧居和陵园
- 18 重庆市万州革命烈士陵园
- 20 重庆三峡移民纪念馆
- 22 刘邓大军挺进大西南司令部旧址
- 24 重庆特园民主党派历史陈列馆

我的真实身份其实是——寻访重庆爱国主义教育基地特约高端定制领队！
哇！好厉害的样子！
重庆市现有爱国主义教育基地89个，里面有很多“宝藏”等着我们去探寻和打卡……
你们想加入我的队伍吗？
那还等什么，快走吧！
等等我——

我宣布！“寻访重庆爱国主义教育基地”雏鹰小分队正式成立！
渝小游
渝小红
渝小岩
吃早餐中……
撒花……
哦耶！
可是，这个小分队是做什么的呢？
倒——
扶墙
好吧，既然这样……那就没必要隐瞒了……

前 言

爱国是广大青少年的立身之本、成才之基。党的十八大以来，以习近平同志为核心的党中央对青少年从小树立爱国之情、报国之志有着深厚寄望。习近平总书记曾殷切寄语青少年："作为一个中国人、中华民族一分子，一定要了解我们自己的历史""每天都可以想一想，对祖国热爱吗"。党的二十大报告指出，当代中国青年生逢其时，施展才干的舞台无比广阔，实现梦想的前景无比光明。广大青少年只有深刻认识和理解党和国家的光辉历史，牢固树立坚定的理想信念，才能为中华民族的伟大复兴贡献自己的一份力，成为第一个百年奋斗目标的经历者、见证者，争当第二个百年奋斗目标——建设社会主义现代化强国的生力军。

重庆是一座英雄的城市，拥有波澜壮阔的革命历史和丰富的爱国主义教育资源。全市的爱国主义教育基地是中国共产党的革命先烈们在巴渝大地上顽强拼搏、艰苦奋斗历程的见证，是最宝贵的精神财富。2021年，习近平总书记强调，红色资源是不可再生、不可替代的珍贵资源，要设计符合青少年认知特点的教育活动，建设富有特色的革命传统教育、爱国主义教育、青少年思想道德教育基地，引导他们从小在心里树立红色理想。我们要讲好红色故事，传承好红色基因，把习近平总书记的殷殷嘱托全面落实在重庆大地上，用党的科学理论武装青少年，用党的初心使命感召青少年，做青少年朋友的知心人、青少年工作的热心人、青少年群众的引路人，让青少年在伟大奋斗征程中谱写最动人的青春乐章。

为进一步加强我市红色资源保护利用，持续推进党史学习教育、"四史"宣传教育走深走实，充分发挥爱国主义教育基地的宣传教育功能，着力讲好中国共产党在重庆的革命故事、英雄故事、奋斗故事和传统文化故事，激励动员广大青少年厚植爱国之情、砥砺强国之志、实践报国之行，中共重庆市委宣传部组织编写了《红色印记——寻访重庆爱国主义教育基地》。全书分为上、下两册，图文并茂、活泼生动地展示了全市89个市级及以上爱国主义教育基地的基本情况、重要景点、参观线路等，创新采用互动体验的形式，引导广大群众特别是青少年前往爱国主义教育基地学习参观，自觉接受爱国主义和革命传统教育，用党的奋斗历程和伟大成就指引人生方向、激发报国壮志，用党的光荣传统和优良作风坚定理想信念、凝聚拼搏力量，用党的历史经验和实践创造启迪人生智慧、砥砺品格意志。

爱国主义是中华儿女最自然、最朴素的情感。我们要始终坚持以习近平新时代中国特色社会主义思想为指导，坚持把立德树人作为根本任务，坚持把中华民族伟大复兴作为光荣使命，用好红色资源、赓续红色血脉、弘扬优良传统，在意气风发的青少年心中厚植爱国主义沃土，激励他们以昂扬奋发的青春姿态努力成长为担当民族复兴大任的时代新人，让青春在全面建设社会主义现代化国家的火热实践中绽放绚丽之花。

图书在版编目（CIP）数据

红色印记：寻访重庆爱国主义教育基地：上下辑／中共重庆市委宣传部编 . -- 重庆：重庆出版社，2023.6
　　ISBN 978-7-229-16387-7

Ⅰ.①红… Ⅱ.①中… Ⅲ.①革命纪念地—介绍—重庆 Ⅳ.① K878.2

中国国家版本馆 CIP 数据核字（2023）第 046251 号

红色印记：寻访重庆爱国主义教育基地（上下辑）
HONGSE YINJI:XUNFANG CHONGQING AIGUOZHUYI JIAOYU JIDI（SHANGXIAJI）
中共重庆市委宣传部　编

责任编辑：燕智玲　袁婷婷
特约编辑：梁媛媛
责任校对：刘小燕
装帧设计：黄　丹

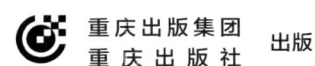

重庆出版集团
重庆出版社　出版

重庆市南岸区南滨路 162 号 1 幢　邮政编码：400061　http://www.cqph.com
重庆华数印务有限公司制版
重庆华数印务有限公司印刷
重庆出版集团图书发行有限公司发行
E-mail:fxchu@cqph.com　邮购电话：023-61520646
全国新华书店经销

开本：889mm×1194mm　1/16　印张：12.25　字数：340 千
2023 年 6 月第 1 版　2023 年 6 月第 1 次印刷
ISBN 978-7-229-16387-7
定价：76.00 元

如有印装质量问题，请向本集团图书发行有限公司调换：023-61520678

版权所有　侵权必究

红色印记

寻访重庆爱国主义教育基地（上）

中共重庆市委宣传部 / 编